Christa Troll
Michaela Engelhardt

Hauswirtschaft an Stationen

Übungsmaterial zu den Kernthemen des Lehrplans

9/10

Auer Verlag

Gedruckt auf umweltbewusst gefertigtem, chlorfrei gebleichtem
und alterungsbeständigem Papier.

1. Auflage 2014
Nach den seit 2006 amtlich gültigen Regelungen der Rechtschreibung

Umschlagfotos: © Robert Kneschke – Fotolia, © Matteo Dini – Fotolia, © Kesu – Fotolia
Fotos: Friedrich Rieß
Illustrationen: Corinna Beurenmeister, Julia Flasche, Stefan Lohr, Thorsten Trantow
Satz: Fotosatz H. Buck, Kumhausen
Druck und Bindung: Franz X. Stückle Druck und Verlag, Ettenheim
ISBN 978-3-403-**07424**-3

www.auer-verlag.de

Inhaltsverzeichnis

Rezeptverzeichnis

Abkürzungen

TL	Teelöffel
Bd.	Bund
EL	Esslöffel
GMA	Garmachungsart
LM	Lebensmittel
Msp.	Messerspitze
P.	Päckchen
Pr.	Prise
St.	Stück
Sch.	Scheibe

Vorwort

Stationenarbeit – eine Organisationsform des offenen Unterrichts

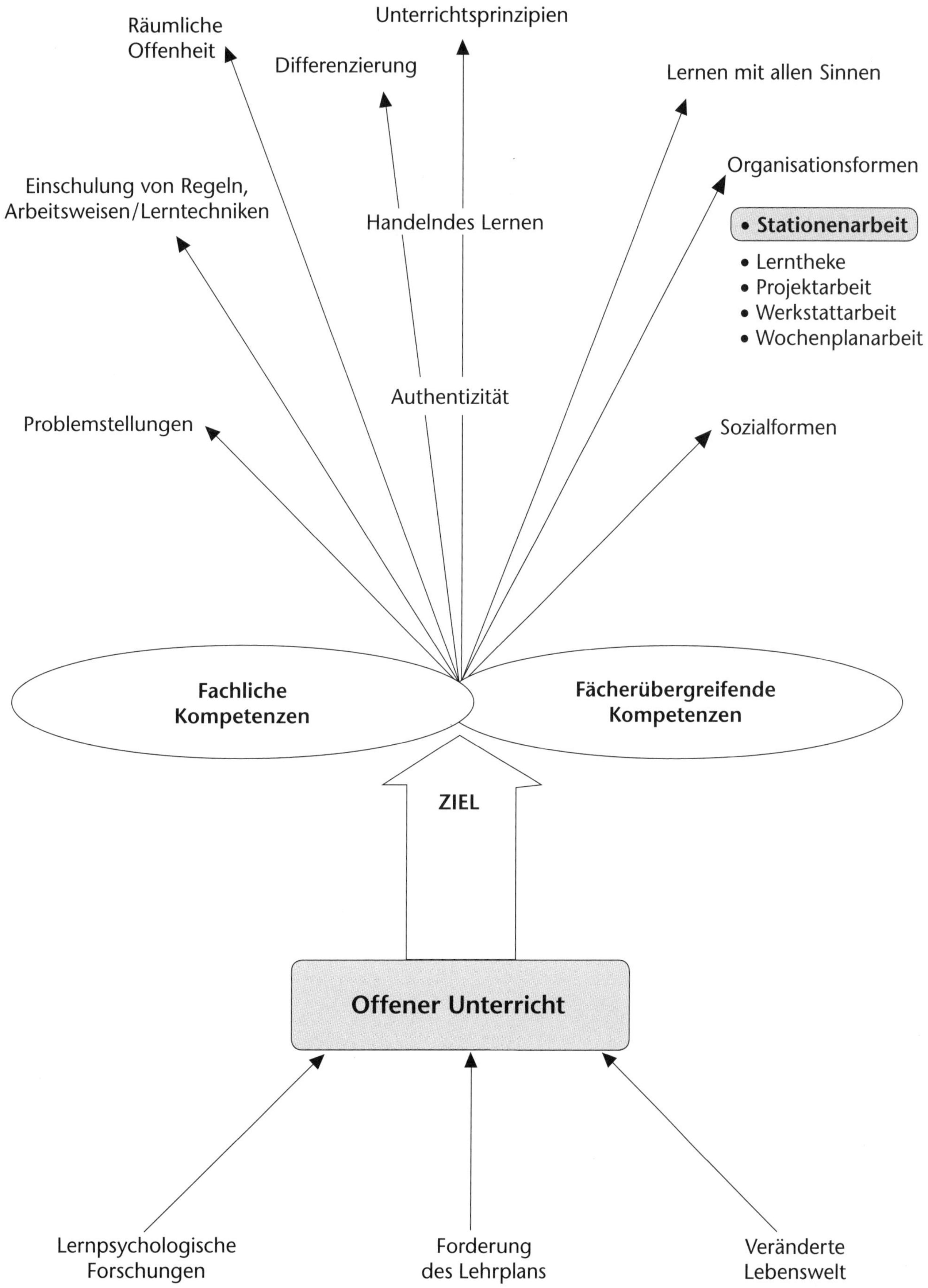

Aufbau der einzelnen Stationen

In diesem Buch finden Sie Stationen zum Grundwissen der 9./10. Jahrgangsstufe im Fach Soziales/Hauswirtschaft. Jeder Stationenlauf enthält einen Vorschlag für einen Leittext zur projektorientierten Prüfung. Integriert wurde auch ein kompletter Stationenlauf zur Erstellung der Projektmappe am Computer, in der die Schüler selbstständig ihr Wissen und Können aus der 8. Jahrgangsstufe auffrischen können.
Die verschiedenen Themen der Stationenläufe basieren auf dem Lehrplan der Mittelschule, können aber auch ohne Weiteres in der Förderschule eingesetzt werden.

Jeder Stationenlauf beginnt mit einer **Übersichtsseite** für die Lehrkraft. Hier sind wichtige Aspekte wie Medien, Organisationshinweise sowie mögliche **Kompetenzen** aufgeführt. Weiter folgen dann zu den Themen **mehrere Stationen** (teilweise aufeinander aufbauend oder auch unabhängig voneinander), welche die Lehrkraft in der Anzahl und in der Funktion (Wahl- oder Pflichtstationen) festlegen kann. Jedes Thema beinhaltet neben den Stationen ein **Arbeits-** und oft ein **Rezeptblatt**, welches auch durch ein anderes Rezept ausgetauscht werden kann.

Besonderheiten

Jeder Stationenlauf ist so konzipiert, dass fast alle Stationen unabhängig voneinander durchgeführt werden können, d. h. jede Lehrkraft hat die Möglichkeit, die Stationen auch als Gruppenarbeit (arbeitsgleich- oder arbeitsteilig) in ihrem Unterricht durchzuführen.

Viele Stationen sind so konzipiert, dass sich der Schüler[1] durch entsprechende Kontrollkärtchen (grau hinterlegte Bausteine) selbst kontrollieren kann, sodass beim Schüler Selbstverantwortung, Motivation und Verantwortungsbewusstsein geschult werden.

Tipps zur Herstellung der Medien

Es empfiehlt sich, zur besseren Haltbarkeit der Medien, die öfter verwendet werden, diese zu laminieren.
Bei Stationen, die mehrere Teile (z. B. Texte, Zuordnungskärtchen usw.) enthalten, ist es besonders förderlich, diese Teile in einem extra Umschlag oder einer Box aufzubewahren. So gehen keine Teile verloren.

Um den Aufforderungscharakter für die Schüler zu erhöhen, ist es sinnvoll, die Stationen auf farbiges Papier (evtl. Tonpapier) zu kopieren. Bei manchen Medien gibt es hierfür Farbempfehlungen.

Bei der Erstellung der Medien gilt im gesamten Buch:

- - - - = Schneidelinie

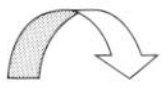 = Faltlinienrichtung

1 Aufgrund der besseren Lesbarkeit ist in diesem Buch mit Schüler auch immer Schülerin gemeint, ebenso verhält es sich mit Lehrer und Lehrerin etc.

Laufzettel

Thema: ____________________

Name: ____________________

Pflichtstationen

Station ☐
____
☐ erledigt ☐ kontrolliert

Station ☐
____
☐ erledigt ☐ kontrolliert

Station ☐
____
☐ erledigt ☐ kontrolliert

Station ☐
____
☐ erledigt ☐ kontrolliert

Station ☐
____
☐ erledigt ☐ kontrolliert

Station ☐
____
☐ erledigt ☐ kontrolliert

Wahlstationen

Station ☐
____
☐ erledigt ☐ kontrolliert

Station ☐
____
☐ erledigt ☐ kontrolliert

Stationenschilder

Schilder zur besseren Orientierung auf buntes Tonpapier kopieren.
Stationenschilder in der Mitte falten. Nummerierung ergänzen.

Station	Station

Station	Wahlstation

Projektprüfung – Projektmappe

Übersicht über die Stationen:

- **Station „Leittext – Welche Bestandteile gibt es?“**
  Medien: laminierter Leittext , laminierte Legepfeile
- **Station „Leittext – Einzel- und Gruppenarbeit“**
  Medien: Arbeitsblatt „Leittext“, gelber und grüner Marker
- **Station „Das Szenario im Leittext – Schlüsselwörter erkennen“**
  Medien: Arbeitsblatt „Leittext“, Stift, Lineal, oranger Marker
- **Station „Die Projektmappe“**
  Medien: Text, Kontrollkarte, Arbeitsblatt
- **Station „Das Deckblatt“**
  Medien: Aufgabenkarte (vorne/hinten)
- **Station „Das Inhaltsverzeichnis“**
  Medien: Aufgabenkarte (vorne/hinten)
- **Station „Der Organisationsplan“**
  Medien: Aufgabenkarte (vorne/hinten)
- **Station „Die Arbeitsverteilung in der Gruppe“**
  Medien: Aufgabenkarte (vorne/hinten)
- **Station „Die Rezepte der Gerichte“**
  Medien: Aufgabenkarte (vorne/hinten)
- **Station „Der Einkaufszettel“**
  Medien: Aufgabenkarte (vorne/hinten)
- **Station „Die Menükarte“**
  Medien: Aufgabenkarte (vorne/hinten)
- **Station „Inhalte zur Präsentation“**
  Aufgabenkarte (vorne/hinten)
- **Station „Reflexion des Projekts“**
  Aufgabenkarte (vorne/hinten)

Kompetenzen:

- Den Aufbau eines Leittextes kennen und bei der Projektarbeit damit arbeiten.
- Die einzelnen Inhalte der Projektmappe kennen und bei der Projektarbeit selbstständig erarbeiten.

Information zu den Stationen

Viele Stationen sind so konzipiert, dass der Schüler selbstständig am PC die Stationen erledigen und kontrollieren kann.
Die Stationenkarten (Seite 15 bis 23) kopieren und in der Mitte falten, sodass es eine Vorder- und Rückseite ergibt. So kann der Schüler mit der Anleitung auf der Vorderseite seine Aufgabe erfüllen und hat auf der Rückseite nochmals ein Beispiel für seine Arbeit.

Station

Leittext

Welche Bestandteile gibt es?

Aufgaben:

1. **Lies** den Leittext genau durch.
2. **Ordne** die Pfeile dem entsprechenden Teil des Leittextes zu.
3. **Ergänze** im Arbeitsblatt „Leittext – Leitfaden für die Projektprüfung“ die Erläuterungen.

Pfeile zum Zuordnen:
Hinweis: kopieren, evtl. laminieren

Szenario
- → gibt das Thema an
- → enthält Schlüsselwörter

Projektmappe
- → listet Inhalt auf
- → gibt Reihenfolge vor

Aufgaben
- → genaue Angaben, was zu tun ist
- → zeigen den Ablauf an
- → Aufgaben aus Soziales und AWT/WAG/Arbeitslehre

Station

Leittext

Einzelarbeit – Gruppenarbeit

Einzelarbeit: Jeder Schüler erhält eine Aufgabe, die dann von ihm alleine bearbeitet und erledigt werden soll. Er kann in seinem eigenen Arbeitstempo arbeiten, den Lösungsweg individuell wählen und seine eigene Leistung kann gerecht bewertet werden.

Gruppenarbeit: Eine Gruppe von Schülern (oft 3 bis 6) bearbeitet gemeinsam eine Aufgabe. Die Gruppe plant gemeinsam das Vorgehen. Jedes Mitglied der Gruppe bearbeitet anschließend einen Teilbereich der Aufgabe und kann so seine besonderen Neigungen und eigene Talente besser einbringen. Eine Leistungsbeurteilung des Einzelnen ist evtl. schwieriger, da die Gruppe schwächere Schüler mitträgt.

Aufgaben:

1. **Überlege**, was die Vor- und Nachteile von Einzel- und Gruppenarbeiten sind? Welche Sozialform bevorzugst du?
2. **Lies** den Leittext genau durch.
   Du findest sowohl Einzel- als auch Gruppenarbeiten.
3. **Markiere** alle Arbeiten, die ihr gemeinsam in der Gruppe erledigen müsst, mit einem grünen Marker.
4. **Markiere** alle Arbeiten, die du alleine erfüllen musst, mit einem gelben Marker.

Station

Das Szenario im Leittext

Schlüsselwörter erkennen ist der Weg zum Erfolg!

Schlüsselwörter sind wichtige Wörter im Text, die für den Inhalt des Textes ausschlaggebend sind, z. B.: In der Küche ist Hygiene sehr wichtig.

Aufgaben:

1. **Lies** den Leittext genau durch.
2. **Unterstreiche** die Schlüsselwörter im Leittext.

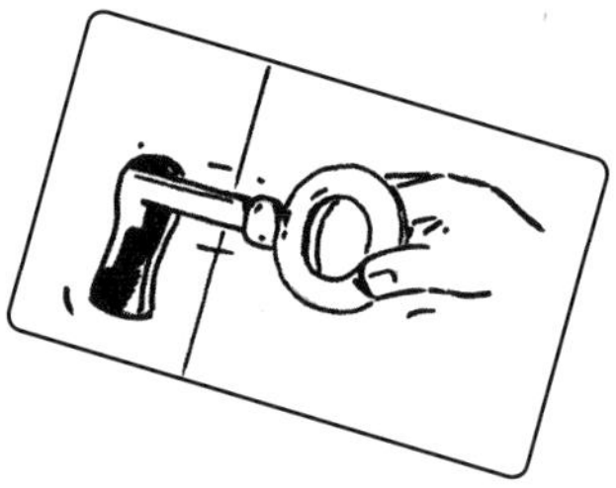

Leittext
Leitfaden für die Projektprüfung

Schule – Abschluss – Ausbildung

Die Zeit in der Schule neigt sich dem Ende zu. Viele von euch haben schon eine Ausbildungsstelle. Bei einem gemeinsamen Mittagessen unter Freunden (4 Personen) diskutiert ihr über euren Berufsausbildungsvertrag.

Ihr kocht ein gemeinsames Mittagessen für eure Klassenkameraden.

Das müsst ihr tun:

1. Zuerst besprecht ihr in der Gruppe die hier gestellte Aufgabe.
2. Als Nächstes überlegt jedes Gruppenmitglied einen eigenen Menüvorschlag für ein saisonales Mittagessen.
3. Dann besprecht und vergleicht ihr eure Menüvorschläge und einigt euch auf ein gemeinsames Menü.
4. Danach schreibt ihr gemeinsam einen Aufgabenverteilungsplan für die Gruppe.
5. Weiter erstellt jeder Einzelne für seine Gerichte einen Einkaufszettel und Organisationsplan.
6. Jedes Gruppenmitglied entwirft eine Menükarte für das Menü.
   Wählt danach eine gemeinsame Menükarte aus.
7. Am Durchführungstag übernimmt jedes Gruppenmitglied die Zubereitung und erledigt seine sonstigen Aufgaben.
   Die Tischdekoration sollte ebenfalls entsprechend der Jahreszeit angepasst sein.
8. Bei der Präsentation stellt jeder seine Gerichte vor und beschreibt seine Aufgaben.
9. Für die Präsentation müsst ihr rechtzeitig folgende Sachverhalte recherchieren:
   a) Rechte und Pflichten des Auszubildenden
   b) Rechte und Pflichten des Ausbilders
   c) Jugendarbeitsschutzgesetz
10. Reflektiert abschließend gemeinsam euer Projekt!

Jedes Gruppenmitglied erstellt eine Projektmappe mit folgendem Inhalt:

- Deckblatt und Inhaltsverzeichnis
- Eigener und gemeinsamer Menüvorschlag
- Einkaufszettel
- Eigene und gemeinsame Menükarte
- Rezepte und Fotos der Gerichte
- Inhalte der Präsentation
- Reflexion des Projekts

Projekt

Name: ____________

Leittext
Leitfaden für die Projektprüfung

Schule – Abschluss – Ausbildung	Szenario:
Die Zeit in der Schule neigt sich dem Ende zu. Viele von euch haben schon eine Ausbildungsstelle. Bei einem gemeinsamen Mittagessen unter Freunden (4 Personen) diskutiert ihr über euren Berufsausbildungsvertrag. Ihr kocht ein gemeinsames Mittagessen für eure Klassenkameraden.	• ____________ ____________ • ____________ ____________

Das müsst ihr tun:	Aufgaben:
1. Zuerst besprecht ihr in der Gruppe die hier gestellte Aufgabe. 2. Als Nächstes überlegt jedes Gruppenmitglied einen eigenen Menüvorschlag für ein saisonales Mittagessen. 3. Dann besprecht und vergleicht ihr eure Menüvorschläge und einigt euch auf ein gemeinsames Menü. 4. Danach schreibt ihr gemeinsam einen Aufgabenverteilungsplan für die Gruppe. 5. Weiter erstellt jeder Einzelne für seine Gerichte einen Einkaufszettel und Organisationsplan. 6. Jedes Gruppenmitglied entwirft eine Menükarte für das Menü. Wählt danach eine gemeinsame Menükarte aus. 7. Am Praxistag übernimmt jedes Gruppenmitglied die Zubereitung und erledigt seine sonstigen Aufgaben. 8. Die Tischdekoration sollte ebenfalls entsprechend der Jahreszeit angepasst sein. 9. Bei der Präsentation stellt jeder seine Gerichte vor und beschreibt seine Aufgaben. 10. Für die Präsentation müsst ihr rechtzeitig folgende Sachverhalte recherchieren, z. B. im Internet. a) Rechte und Pflichten des Auszubildenden b) Rechte und Pflichten des Ausbilders c) Jugendarbeitsschutzgesetz 11. Reflektiert gemeinsam euer Projekt!	• ____________ ____________ ____________ ____________ • ____________ ____________ ____________ ____________ • ____________ ____________ ____________ ____________

Jedes Gruppenmitglied erstellt eine Projektmappe mit folgendem Inhalt:	Projektmappe:
• Deckblatt und Inhaltsverzeichnis • Eigener und gemeinsamer Menüvorschlag • Einkaufszettel • Organisationsplan • Eigene und gemeinsame Menükarte • Rezepte und Fotos der Gerichte • Inhalte der Präsentation • Reflexion des Projekts	• ____________ ____________ ____________ • ____________ ____________ ____________

Die Projektmappe

10 Regeln für eine gute Projektmappe

Die Projektmappe zeigt die Dokumentation deiner Projektarbeit. Damit die Mappe insgesamt eine gelungene Arbeit ist, sollten einige Punkte beachtet werden.

Aufgaben:

1. **Lies** den Leittext genau durch.
2. **Trage ein,** welche Inhalte deine Projektmappe enthalten soll.
3. **Formuliere** 10 allgemeine Regeln zur Erstellung der Projektmappe.

Die Projektmappe – 10 Regeln für eine gute Projektmappe

1. Der erste Eindruck ist wichtig. Achte deshalb besonders auf ein ordentliches Erscheinungsbild der Mappe (keine Eselsohren, Fettflecken usw.).
2. Hefte alle Blätter ordentlich ein, lose Blätter wirken chaotisch.
3. Die Projektmappe wirkt im Ganzen, d. h. alle Teile/Blätter der Mappe müssen zusammenpassen. Wähle in der gesamten Projektmappe stets die gleiche Schriftart, damit die Mappe einheitlich wirkt.
4. Eine gute Lesbarkeit der Texte erfordert die passende Wahl der Schriftart.
5. Ebenso sollte die Schriftgröße (vor allem in Überschriften) der einzelnen Blätter nicht variieren.
6. Um farbliche Akzente zu setzen, drucke Bilder/Grafiken/evtl. Überschriften bunt aus.
7. In der Projektmappe müssen alle vorgegebenen Inhalte enthalten sein, kontrolliere deshalb immer die Vollständigkeit.
8. Ein neuer/sauberer Schnellhefter verleiht der Projektmappe einen ordentlichen Eindruck.
9. Bedenke bei der gesamten Farbwahl der Mappe (Ausdrucke usw.): Weniger ist oft mehr!
10. Du kannst das Internet bei deiner Informationssammlung zurate ziehen, jedoch schreibe Texte aus dem Internet nicht einfach ab, sondern formuliere sie selbstständig. Auf gar keinen Fall solltest du Texte aus dem Internet nur ausdrucken. Dasselbe gilt für Rezepte: Schreibe diese in eine Tabelle, damit du leichter damit arbeiten kannst.

Kontrolle: Die Projektmappe – 10 Regeln für eine gute Projektmappe

1. Achte auf ein ordentliches Erscheinungsbild der Mappe!
2. Ordne alle Blätter sauber ein!
3. Wähle in der gesamten Mappe eine einheitliche Schriftart!
4. Wähle eine gut lesbare Schriftart aus!
5. Achte auf eine einheitliche Schriftgröße der Überschriften/Texte!
6. Drucke Bilder/Grafiken/evtl. Überschriften bunt aus!
7. Achte auf Vollständigkeit der Mappe!
8. Verwende einen sauberen Schnellhefter!
9. Setze Farbe (bei Ausdrucken usw.) überlegt ein!
10. Schreibe keine Texte aus dem Internet ab, nutze diese nur als Vorlage!

Arbeitsblatt

Name: ______________________

Die Projektmappe

Eine Dokumentation deiner Projektarbeit

1. Inhalt der Projektmappe

- ______________________
- ______________________
- ______________________
- ______________________
- ______________________
- ______________________
- ______________________
- ______________________

2. Allgemeine Regeln zur Erstellung einer Projektmappe

- ______________________
- ______________________
- ______________________
- ______________________
- ______________________
- ______________________
- ______________________
- ______________________
- ______________________
- ______________________
- ______________________
- ______________________
- ______________________
- ______________________
- ______________________
- ______________________

Station

Das Deckblatt

Ein Aushängeschild für deine Projektmappe

Aufgabe: Gestalte das Deckblatt für deine Projektmappe.

1. **Öffne** das Textverarbeitungsprogramm, z. B. Word.
2. **Schreibe** den Text, z. B. Projektmappe, Name, Klasse, Datum, Thema, …
3. **Formatiere** den Text nach deinem Wunsch.

   → Änderung des Schrifttyps und der Schriftart/-größe

   z. B.: Schrifttyp [Arial]

   Schriftart fett [F], kursiv [K], unterstrichen [U]

   Schriftgröße [26]

   → Änderung der Lage des Texts auf der Seite

   z. B.: zentriert

4. **Füge** ein Bild ein, das zum Projektthema passt:
   Einfügen → Grafik oder ClipArt
   Tipp: Vorsicht bei Internetbildern, diese sind meist rechtlich geschützt!
5. **Füge** einen passenden Seitenrahmen ein:
   Rahmen und Schattierungen → Seitenrand (Stärke und Art änderbar)

Beispiel

Das Deckblatt

Ein Aushängeschild für deine Projektmappe

Projektmappe

für das Projekt im Fach …

Thema

Datum

Name,
Klasse

Station

Das Inhaltsverzeichnis

Eine Orientierungshilfe und Inhaltsangabe der Projektmappe

Aufgabe: Erstelle das Inhaltsverzeichnis deiner Projektmappe.

1. **Öffne** das Textverarbeitungsprogramm, z. B. Word.
2. **Schreibe** den Text.

   Tipp: Die vorgeschriebenen Inhalte der Projektmappe findest du immer im Leittext meist unten aufgelistet!

3. **Formatiere** den Text nach deinem Wunsch.

   → Änderung der Überschrift

   z. B.: Schrifttyp [Arial]

   Schriftart fett [F], kursiv [K], unterstrichen [U]

   Schriftgröße [26]

   → Änderung der Lage des Texts auf der Seite

   z. B.: zentriert oder linksbündig

4. **Ändere** den Zeilenabstand, damit deine Auflistung übersichtlich wird und der Text auf der Seite gleichmäßiger verteilt wird:

   → Absatz → Einzüge und Abstände → Zeilenabstand

   1,0
   1,15
   ✓ 1,5

Beispiel

Das Inhaltsverzeichnis

Eine Orientierungshilfe und Inhaltsangabe der Projektmappe

Inhaltsverzeichnis

1. Arbeitsplanung
2. Einkaufszettel
3. Organisationsplan
4. Menükarte
5. Rezepte der Gerichte mit Fotos
6. Inhalte zur Präsentation:
   a) …
   b) …
7. Reflexion

Station

Der Organisationsplan

Hilfe für die Organisation der einzelnen Aufgaben

Aufgabe: Erstelle einen Organisationsplan für deine zu erledigenden Aufgaben.

1. **Öffne** das Textverarbeitungsprogramm, z. B. Word.

2. **Füge** eine Tabelle mit 2 Spalten und 8 Zeilen ein: 

   → Einfügen → Tabelle → Markiere 2 Spalten/8 Zeilen

3. **Verbinde** die zwei Spalten in der ersten Zeile zu einer Zeile.

4. **Tippe** in die erste Zeile das Wort Organisationsplan.

5. **Tippe** in die 2 Spalten der zweiten Zeile:

Zeit	Aufgabe

6. **Tippe** in die nächsten Zeilen die entsprechend benötigte Zeit und die geplanten Arbeiten/Aufgaben.

7. **Formatiere** den Organisationsplan,
   z. B. Spaltenbreite, Schriftart, Schriftgröße, Abstand usw.

8. **Füge** evtl. ein Bild ein:

   → Einfügen → Grafik oder ClipArt 

Beispiel

Der Organisationsplan

Hilfe für die Organisation der einzelnen Aufgaben

Tipps:

- Formuliere kurze Sätze.
- Berücksichtige Wartezeiten, z. B. gehen lassen, ziehen lassen, kühlen, backen etc.
- Schiebe Arbeitsschritte ineinander.
- Verwende Überbegriffe, z. B. vorbereiten, herstellen, garen, fertigstellen, anrichten, garnieren.

Organisationsplan für Kartoffelsalat	
Zeit	**Aufgaben**
8.00	Zutaten und Geräte vorbereiten
8.10	Kartoffeln vorbereiten
8.20	Kartoffeln garen (Garzeit: 40 Min.)
8.25	Gemüse für Kartoffelsalat vorbereiten
8.30	Marinade für Kartoffelsalat herstellen
8.40	Tisch decken
8.50	Abspülen, Aufräumen
9.00	Kartoffeln pellen
9.20	Kartoffelsalat marinieren und ziehen lassen
9.25	Abspülen, Abtrocknen
9.30	Salat fertigstellen, abschmecken, anrichten, garnieren

Station

Die Arbeitsverteilung in der Gruppe

Hilfe für die Organisation in der Gruppe

Aufgabe: Erstelle eine Arbeitsverteilung für die Gruppe.

1. **Öffne** das Textverarbeitungsprogramm, z. B. Word.
2. **Füge** eine Tabelle mit 3 Spalten und 4 Zeilen ein: Tabelle

   → Einfügen → Tabelle → Markiere 3 Spalten/4 Zeilen
3. **Verbinde** die zwei Spalten in der ersten Zeile zu einer Zeile.
4. **Tippe** in die erste Zeile: Arbeitsverteilung in der Gruppe
5. **Tippe** in die Spalten der zweiten Zeile:

Gang/Art	Rezept	Name

6. **Tippe** in die nächsten Zeilen den entsprechenden Gang (beim Menü), die Art (bei Büfett), den Rezeptnamen und den Namen des Schülers ein.
7. **Formatiere** die Aufgabenverteilung, z. B. Spaltenbreite, Schriftart, Schriftgröße, Abstand.
8. **Füge** evtl. ein Bild ein.

   → Einfügen → Grafik oder ClipArt Grafik ClipArt

Beispiel

Die Arbeitsverteilung in der Gruppe

Hilfe für die Organisation in der Gruppe

Tipps:

- Achtet bei der Zusammenstellung des Menüs/Büfetts auf die Vorgaben im Leittext.
- Berücksichtigt Geräte, z. B.: Wer braucht wann und wie lange den Herd/den Backofen?
- Bedenkt eine ausgewogene Verteilung hinsichtlich der Schwierigkeit der Rezepte und des Arbeitsumfanges.

Arbeitsverteilung in der Gruppe		
Gang/Art	**Rezept**	**Name**
Vorspeise	Gemischte Salatplatte	Schüler 1
Vorspeise	Vollkornbaguette	Schüler 2
Hauptspeise	Rindsrouladen	Schüler 3
Beilage	Spätzle	Schüler 2
Beilage	Glasierte Bohnen	Schüler 3
Beilage	Rotkraut	Schüler 4
Nachspeise	Mousse au Chocolat	Schüler 4
Kuchen	Schokoladentarte	Schüler 1

Station

Das Rezept

Übersichtlichkeit erleichtert die Zubereitung!

Aufgabe: Erstelle deine ausgewählten Rezepte am Computer.

1. **Öffne** das Textverarbeitungsprogramm, z. B. Word.
2. **Füge** eine Tabelle mit 3 Spalten und 3 Zeilen ein:

   → Einfügen → Tabelle → Markiere 3 Spalten/3 Zeilen
3. **Verbinde** die 3 Spalten in der ersten Zeile zu einer Zelle.
4. **Tippe** in die erste Zeile den Namen des Rezeptes.
5. **Tippe** in die Spalten der zweiten Zeile:

Menge	Zutaten	Zubereitung
6. **Tippe** das Rezept entsprechend in die Spalten.
7. **Formatiere** das Rezept ansprechend,
   z. B. Spaltenbreite, Nummerierung, Leerzeilen usw.
8. **Füge** evtl. ein Bild ein:

   → Einfügen → Grafik oder ClipArt

Beispiel

Das Rezept

Übersichtlichkeit erleichtert die Zubereitung!

Kartoffel-Karotten-Püree		
Menge	**Zutaten**	**Zubereitung**
600 g	Kartoffeln (mehlig-kochend) Wasser	1. Kartoffeln schälen, vierteln
200 g	Karotten	2. Karotten waschen, schälen und grob zerkleinern 3. Kartoffeln und Karotten kochen oder dämpfen **Garzeit:** ca. 10 – 20 Min. 4. Kartoffeln und Karotten abseihen und durchpressen
250 ml ¼ TL 1 Pr. 1 EL	Milch (heiß) Salz Muskat Butter	5. Heiße Milch, Salz, Muskat und Butter zugeben und mit dem Handrührgerät verrühren
1 EL	Frische Kräuter	6. Kartoffel-Karotten-Püree mit frischen Kräutern anrichten

Station

Der Einkaufszettel

Ohne Lebensmittel gibt es keine Gerichte!

Aufgabe: Erstelle den Einkaufszettel für deine Gerichte.

1. **Öffne** das Textverarbeitungsprogramm, z. B. Word.
2. **Tippe** die Überschrift Einkaufszettel.
3. **Füge** eine Tabelle mit 2 Spalten und 3 Zeilen ein.

   → Einfügen → Tabelle → Markiere 2 Spalten/3 Zeilen
4. **Tippe** in die Spalten der ersten Zeile:

Menge	Zutaten

5. **Tippe** deine benötigten Zutaten ein. Beachte:
   - Überprüfe, welche Lebensmittel bereits vorhanden sind.
   - Schreibe nicht die Grammangaben des Rezeptes auf, sondern die Gebindegrößen, die es beim jeweiligen Lebensmittel gibt, z. B. 10 Eier, 1 P. Mehl, 1 l Milch.
   - Sortiere bereits auf dem Einkaufszettel nach den einzelnen Produktkategorien, z. B. Obst/Gemüse, Milchprodukte, Trockenvorräte, Tiefkühlprodukte. Dann bist du beim Einkaufen schneller und vergisst keine Zutat.
6. **Füge** evtl. einen Seitenrand ein.
7. **Formatiere** die Überschrift/Tabelle.

Beispiel

Der Einkaufszettel

Ohne Lebensmittel gibt es keine Gerichte!

Einkaufszettel für Kartoffel-Karotten-Püree

1. Obst und Gemüse

Menge	Zutaten
1 P.	Kartoffeln (mehlig-kochend)
1 P.	Karotten
1 Bd.	Petersilie

2. Milchprodukte

Menge	Zutaten
1 l	Milch
1	Butter

3. Trockenvorräte

Menge	Zutaten
1	Salz
1	Muskat

Station

Die Menükarte

Eine Informationskarte am Tisch

Aufgabe: Erstelle eine Menükarte am Computer.

1. **Innenseite**
   a) **Öffne** das Textverarbeitungsprogramm, z. B. Word.
   b) **Ändere** das Seitenformat von Hoch- auf Querformat.
   c) **Ändere** die Spaltenzahl auf zwei Spalten.
   d) **Füge** einen Spaltenumbruch ein.
   e) **Tippe** den gewünschten Text in die rechte Spalte.
   f) **Formatiere** den Text (Möglichkeiten siehe Deckblatt).
   g) **Füge** evtl. Bilder ein:
      → Einfügen → Grafik, Symbol, ClipArt, …
   h) **Füge** evtl. einen Seitenrand ein:
      → Seitenränder → Seitenrand

2. **Außenseite**
   a) **Wiederhole** die Schritte a) – d).
   b) **Tippe** den Text Menükarte ein und **formatiere** den Text.
   c) **Füge** ein Bild und einen Seitenrand ein.

Beispiel

Die Menükarte

Eine Informationskarte am Tisch

Menükarte

Thema

Datum

Menüfolge

Suppe
*
Vorspeise
*
Hauptspeise mit Beilagen
*
Nachspeise
*
Kaffee und Kuchen

Station

Inhalte zur Präsentation

Informationen und Vortrag

Aufgabe: Erstelle deine Präsentation, z. B. PowerPoint-Präsentation.

1. **Recherchiere** dein Thema/deine Aufgabe gründlich,

   z. B. Internet, Expertenbefragung, Fachbücher, Schulbücher, Betriebserkundungen, …

2. **Reduziere** die Information auf das Wichtigste.
   - → Arbeite das Wesentliche heraus.
   - → Formuliere selbständige Sätze.
     (Schreibe keine Texte aus dem Internet ab.)

3. **Bereite** deine Präsentation vor,

   z. B. PowerPoint-Präsentation, Plakate, …

4. **Wähle** Anschauungsmittel aus, z. B. Bilder, Grafiken, Broschüren.

5. **Übe** deinen Vortrag ein!

Beispiel

Inhalte zur Präsentation

Informationen und Vortrag

Möglicher Folienaufbau:

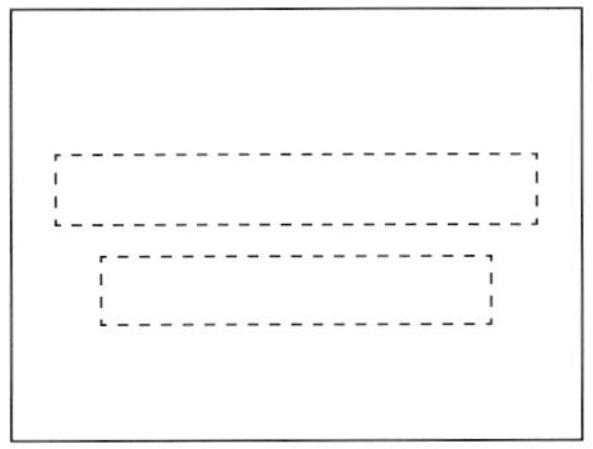
Titelfolie

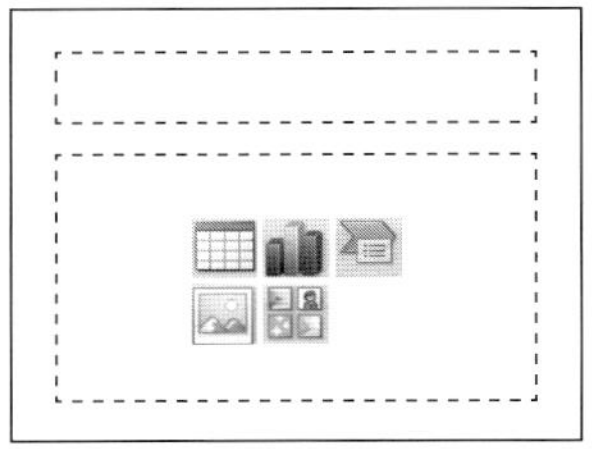
Titel und Inhalt

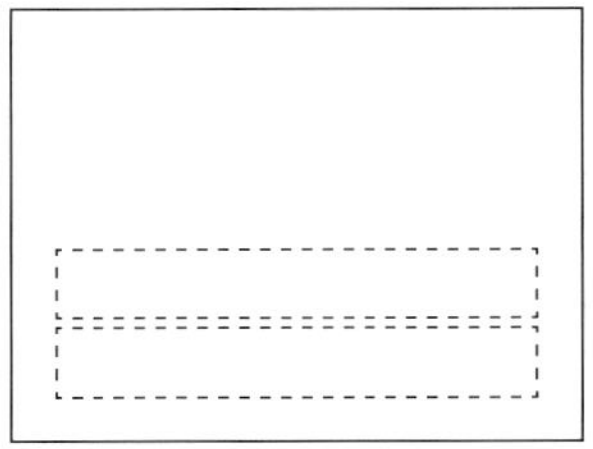
Abschnittsüberschrift

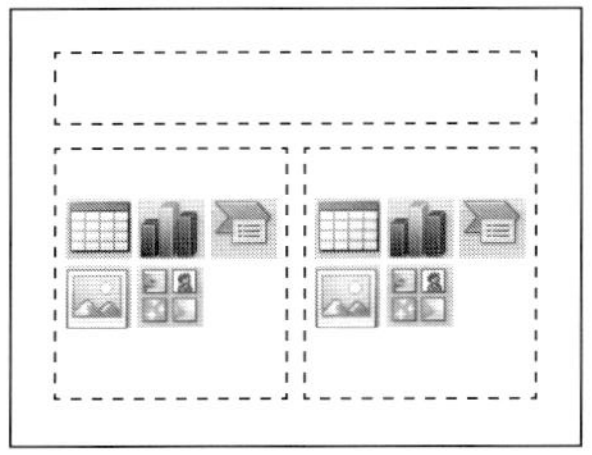
Zwei Inhalte

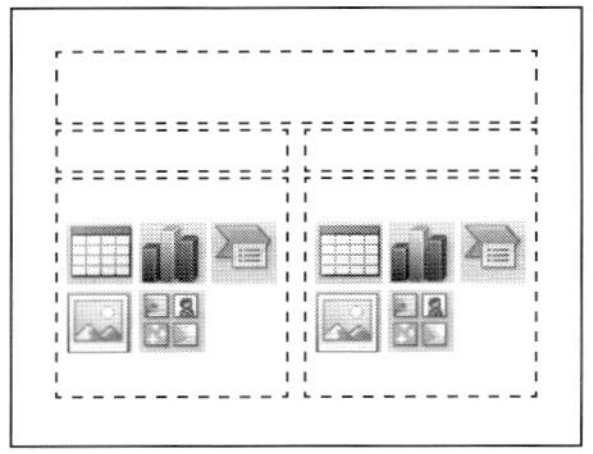
Vergleich

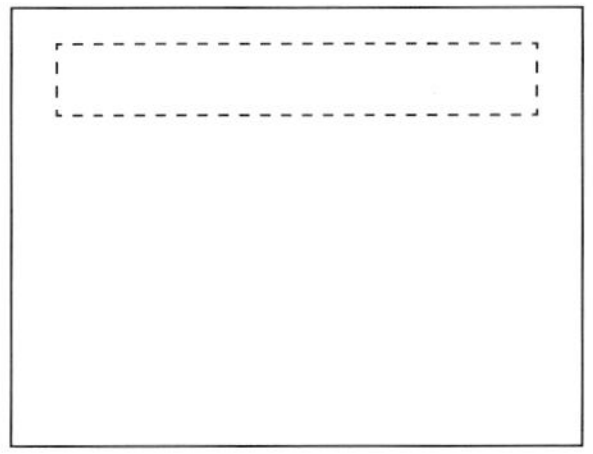
Nur Titel

leer

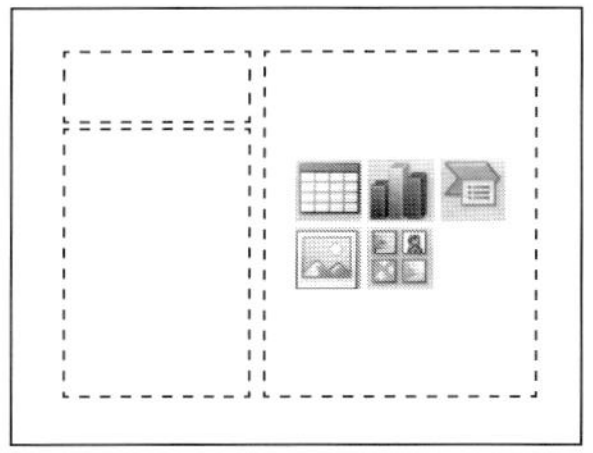
Inhalt mit Überschrift

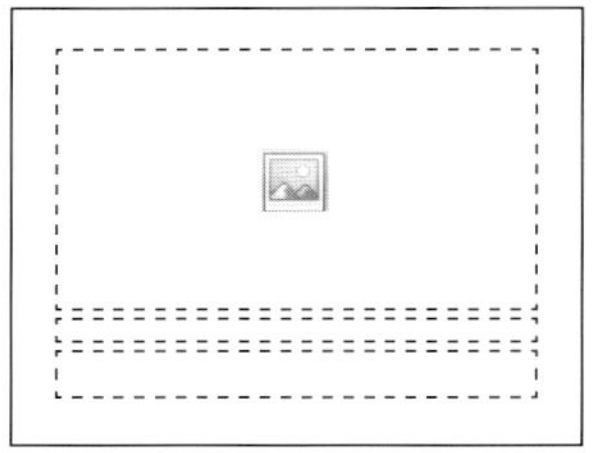
Bild mit Überschrift

Station

Reflexion des Projekts

Projekt Revue passieren lassen

Aufgabe: Lasse das gesamte Projekt nochmals Revue passieren und halte deine Gedanken fest.

1. **Denke** im Nachhinein nochmals über das gesamte Projekt nach:
   - → Wie ist es dir beim Arbeiten in der Gruppe/alleine ergangen?
   - → Welche Arbeiten/Aufgaben sind dir/der Gruppe besonders gut gelungen?
   - → Welche Dinge haben dir/euch Schwierigkeiten bereitet?
   - → Was würdest du beim nächsten Mal anders machen und warum?
   - → Wie ist dein Gesamteindruck vom Projekt?

2. **Schreibe** deine Gedanken in ganzen Sätzen auf.

3. **Formatiere** deinen Text.

4. **Füge** einen Seitenrand ein.

Beispiel

Reflexion des Projekts

Projekt Revue passieren lassen

Reflexion des Projekts

1. Allein zu erfüllende Arbeiten/Aufgaben

   ****

2. Arbeiten in der Gruppe/Team

   ****

3. Besonders gelungene Arbeiten/Aufgaben

   ****

4. Schwierigkeiten

   ****

5. Das würde ich beim nächsten Mal anders machen.

   ****

6. Gesamteindruck des Projekts

   ****

Speisenzusammenstellung – Menüplanung

Übersicht über die Stationen:

- **Station „Das Menü“**
  Medien: Text, Kontrollkarte
- **Station „Das Festmenü“**
  Medien: Legekärtchen, Legefeld, Kontrollkarte
- **Station „Das moderne Menü“**
  Medien: Legekärtchen, Legefeld, Kontrollkarte
- **Station „Regeln zur Zusammenstellung eines Menüs“**
  Medien: Text, Kontrollkarte
- **Station „Der Hauptgang/Das Hauptgericht“**
  Medien: Puzzle
- **Station „Übung macht den Meister“**
  Medien: Legekärtchen, Legefeld
- **Station „Zusammenstellung eines Hauptganges“**
  Medien: Legekärtchen, Legefeld
- **Arbeitsblatt „Speisenzusammenstellung“**
- **Station „Das Abc der Nahrungszubereitung“**
  Medien: Küchen-Abc-Karten
- **Rezeptblatt „Modernes Menü“**
  Rezepte: Kleiner Salat mit Schinken-Käseröllchen, Gemüsesuppe mit Klößchen/Knödelchen, Putenröllchen mit Speckkruste, Wildreis, Glasierte Bohnen, Glasierte Karottensticks, Joghurtnocken auf Himbeersoße
- **Projekt „Menüzusammenstellung“**

Ⓚ Kompetenzen:

- Einzelne Komponenten eines Menüs kennen und zum selbstständigen Zusammenstellen ein Menüs nutzen.
- Regeln zum Zusammenstellen eines Menüs kennen und zum selbstständigen Zusammenstellen und Zubereiten eines Menüs nutzen.
- Garmachungsarten und Grundrezepte kennen, bewerten und bei der Zubereitung von Speisen nutzen.

Station

Das Menü

Was ist das eigentlich?

Aufgaben:

1. **Lies** die Definition Menü durch.
2. **Ergänze** dein Arbeitsblatt (Aufgabe 1).

Menü – was ist das eigentlich?

Im Allgemeinen ist ein Menü eine Zusammenstellung von mehreren Speisen/Gängen zu einer Mahlzeit.

Die Zusammenstellung erfolgt nach Regeln.

Je nach Anzahl der Gänge unterscheidet man das Grundmenü (3–4 Gänge) und das Festmenü (5–8 Gänge).

Kontrolle: Menü – was ist das eigentlich?

= Zusammenstellung von mehreren Speisen/Gängen zu einer Mahlzeit!
- Grundmenü: 3–4 Gänge
- Festmenü: 5–8 Gänge

Station

Das Festmenü

Ein Menü für besondere Anlässe und Feste

Aufgaben:

1. **Lies** dir die verschiedenen Gänge des Festmenüs durch.
2. **Versuche**, die Gänge in die richtige Reihenfolge zu bringen.
3. **Ergänze** dein Arbeitsblatt (Aufgabe 2).

Hinweis:

- Legefeld, Legekärtchen und Kontrollkarte evtl. vergrößert kopieren, laminieren und schneiden.
- Legekärtchen in einem Umschlag aufbewahren, damit keine Kärtchen verloren gehen.

Speisenzusammenstellung – Menüplanung

Legefeld

Das Festmenü	
1	
2	
3	
4	
5	
6	
7	
8	

Kontollkarte

Kontrolle: Das Festmenü	
1	Kalte Vorspeise
2	Suppe
3	Warme Vorspeise
4	Fischgericht
5	Sorbet
6	Fleisch (Hauptgang)
7	Käse
8	Dessert

Legekärtchen Festmenü (– – – – = Schneidelinie)

Kalte Vorspeise	Fischgericht
Suppe	Sorbet
Warme Vorspeise	Fleisch (Hauptgang)
Käse	Dessert

Station

Das moderne Menü (= Grundmenü)

Ein Menü für die ernährungsbewusste Gesellschaft

Da das Festmenü mit seinen 8 Gängen eine sehr üppige Speisenfolge darstellt, wird in der heutigen modernen und ernährungsbewussten Gesellschaft das moderne Menü (= Grundmenü) bevorzugt, da dieses weniger Gänge aufweist.

Aufgaben:

1. **Lies** dir die verschiedenen Gänge des modernen Menüs durch.
2. **Versuche,** die Gänge in die richtige Reihenfolge zu bringen.
3. **Ergänze** dein Arbeitsblatt (Aufgabe 2).

Hinweis:

- Legefeld, Legekärtchen und Kontrollkarte evtl. vergrößert kopieren, laminieren und schneiden.
- Legekärtchen in einem Umschlag aufbewahren, damit keine Kärtchen verloren gehen.

Legefeld

Das moderne Menü Grundmenü	
1	
2	
3	
4	

Kontollkarte

Kontrolle: Das moderne Menü Grundmenü	
1	**Vorspeise**
2	**Suppe**
3	**Hauptspeise mit Beilagen**
4	**Dessert oder Käse**

Legekärtchen modernes Menü (– – – – = Schneidelinie)

Vorspeise	**Hauptgericht mit Beilagen**
Suppe	**Dessert oder Käse**

Station

Regeln zur Zusammenstellung eines Menüs

Gut geplant – ist halb gewonnen!

Aufgaben:

1. **Lies** den Text durch.
2. **Formuliere** selbstständig Regeln zur Zusammenstellung eines Menüs.
3. **Ergänze** dein Arbeitsblatt (Aufgabe 3).

Regeln zur Zusammenstellung eines Menüs

Die Zusammenstellung eines Menüs ist keine leichte Aufgabe. Dies erfordert die Einhaltung grundsätzlicher Regeln. Achte bei der Zusammenstellung darauf, dass du …

- den Anlass bzw. das Motto des Menüs immer im Auge behältst, z. B. Bayrischer Abend, Einweihungsfeier, …
- die Reihenfolge eines Menüs einhältst, z. B. Reihenfolge eines Festmenüs.
- ein ernährungsphysiologisch ausgewogenes, nicht zu üppiges Menü planst.
- Speisen planst, die optisch gut aufeinander abgestimmt sind, z. B. sollten sich die zusammengestellten Speisen auf dem Teller voneinander abheben.
- Lebensmittel/Speisen auswählst, welche der Jahreszeit entsprechen, z. B. Spargel-/Erdbeerzeit, …
- Lebensmittel auswählst, welche in deiner Region angebaut werden.
- die Vorlieben bzw. evtl. Allergien/Krankheiten deiner Gäste im Blick hast, z. B. Menschen mit Lebensmittelunverträglichkeiten, Vegetarier, …
- die aufeinanderfolgenden Speisen so aussuchst, dass sie im ganzen Menü harmonieren, jedoch auch abwechslungsreich sind.
- du den wirtschaftlichen Faktor nicht außer Acht lässt.

Kontrolle: Regeln zur Zusammenstellung eines Menüs:

- **Bedenke den Anlass/das Motto des Menüs.**
- **Halte die Reihenfolge des Menüs ein.**
- **Achte auf ein ernährungsphysiologisch ausgewogenes Menü.**
- **Denke an die Optik (Farben/Anrichtemöglichkeiten) der Speisen.**
- **Wähle saisonale/regionale Lebensmittel.**
- **Bedenke Vorlieben/Krankheiten der Gäste.**
- **Achte auf ein harmonisches, abwechslungsreiches Menü.**
- **Achte auf dein Budget.**

Station

Der Hauptgang/Das Hauptgericht

Höhepunkt eines Menüs

Das Hauptgericht sollte bei jedem Menü der Höhepunkt sein.
Der Hauptgang kann je nach Zusammenstellung aus mehreren Komponenten bestehen. Oft sind aber auch nicht alle Teile vorhanden.

Aufgaben:

1. **Lege** das Puzzle.
2. **Ergänze** das Arbeitsblatt (Aufgabe 4).

Puzzle

Hinweis:
- Puzzle evtl. vergrößert kopieren, laminieren und schneiden. Puzzleteile in einem Umschlag aufbewahren, damit kein Puzzleteil verloren geht.
- Puzzle ein zweites Mal kopieren und als Kontrollfeld verwenden.

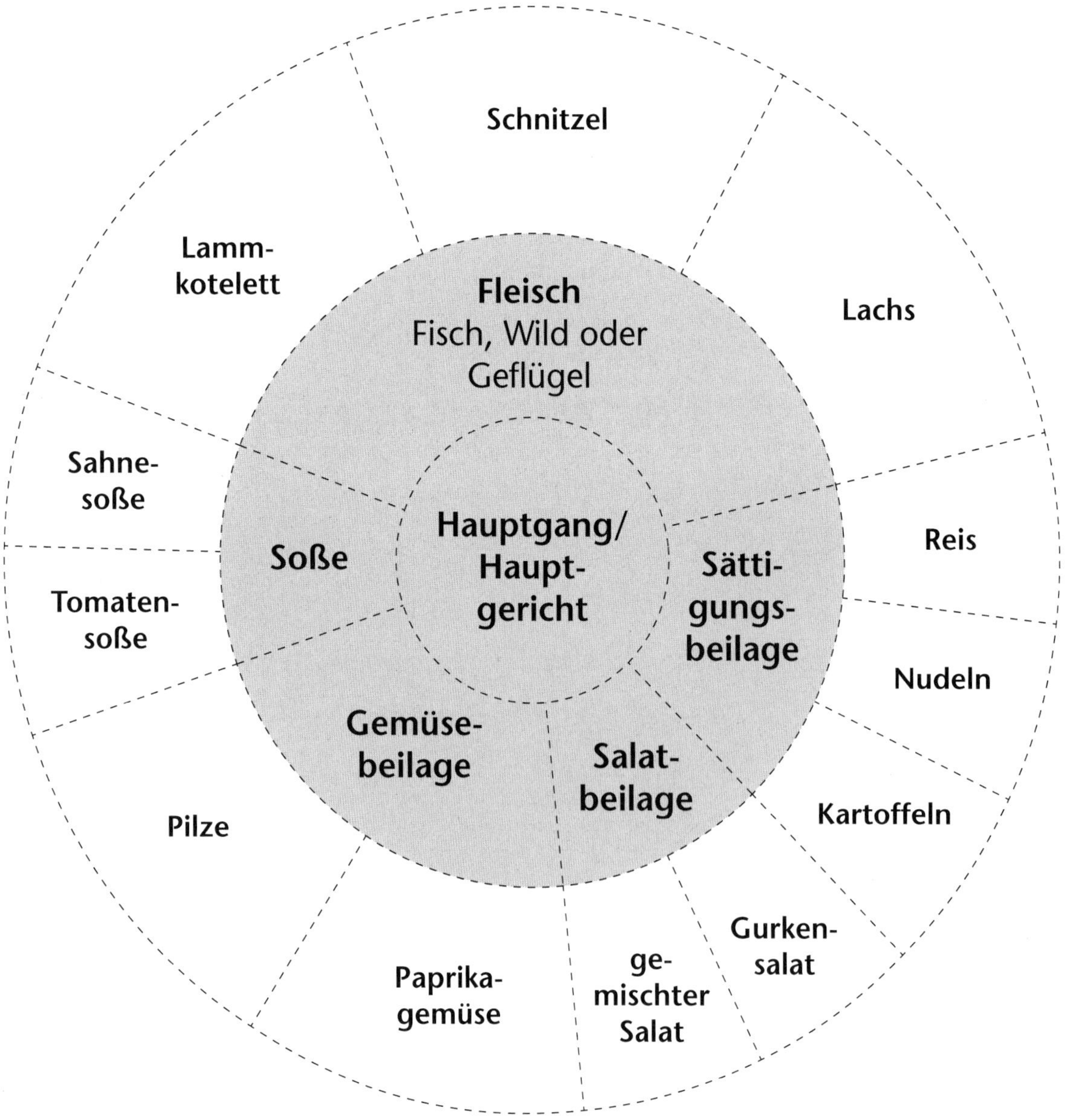

Station

Übung macht den Meister

Komponenten für einen Hauptgang

Aufgaben:

1. **Lies** die einzelnen Speisen durch.
2. **Sortiere** die einzelnen Speisen nach Fleisch, Sättigungsbeilage, Soße, Gemüsebeilage, Salatbeilage.
3. **Kombiniere** einige Hauptgänge.
   Bedenke: Nicht immer müssen alle Komponenten enthalten sein!

Hinweis:

- Legefeld und Legekärtchen evtl. vergrößert kopieren, laminieren und schneiden.
- Legekärtchen in einem Umschlag aufbewahren, damit keine Steine verloren gehen. Legekärtchen werden bei der Station „Übung macht den Meister“ und „Zusammenstellung eines Hauptganges“ benötigt.

Fleisch / Fisch/Wild	Sättigungs-beilage	Soße	Gemüsebeilage	Salatbeilage

Legekärtchen: Komponenten

Putenschnitzel natur	Nudeln	Rahmsoße	Karotten-gemüse	Gemischter Salat
Fisch gedünstet	Salzkartoffeln	Kräutersoße	Gemischtes Dünstgemüse	Kartoffelsalat
Rehbraten	Spätzle	Tomatensoße	Spargel	Tomaten-salat
Wiener Schnitzel	Reis	Champignon-soße	Sauerkraut	Gurken-salat
Rinderrouladen	Rahmkartoffeln	Sauce Hollandaise	Glasierte Bohnen	Nudel-salat
Schweinebraten	Gebackene Kartoffeln	Käsesoße	Ratatouille-gemüse	Rote-Beete-Salat
Frikadellen	Gemüsereis	Dillsoße	Rosenkohl-gemüse	Krautsalat
Rinderbraten	Kartoffelpüree	Gemüsesoße	Gekochter Brokkoli	Blattsalat

Station

Zusammenstellung eines Hauptganges

Komponenten für einen Hauptgang

Aufgaben:

1. **Lies** die einzelnen Speisen durch.
2. **Kombiniere** einen Hauptgang.
   Bedenke: Nicht immer müssen alle Komponenten enthalten sein!

Mein Hauptgang

Fleisch/Fisch/ Wild/Geflügel	Sättigungs-beilage	Soße	Gemüsebeilage	Salatbeilage

Arbeitsblatt

Name: ____________________

Speisenzusammenstellung – Menüzusammenstellung

1. Definition Menü:

= ____

____

- Grundmenü: ______ Gänge
- Festmenü: ______ Gänge

2. Das Grundmenü:

- ______________________
- ______________________
- ______________________
- ______________________

Das Festmenü:

- ______________________
- ______________________
- ______________________
- ______________________
- ______________________
- ______________________
- ______________________
- ______________________

3. Regeln zum Zusammenstellen eines Menüs:

- ____
- ____
- ____
- ____
- ____
- ____
- ____
- ____
- ____
- ____

Das Abc der Nahrungszubereitung

Nimm ein Rezept unter die Lupe!

Aufgaben:

1. **Lies** das Rezept durch, das du zubereiten sollst.
2. **Suche** die zutreffenden Küchen-Abc-Karten heraus.
   a. Welche Garmachungsart/-en (GMA) musst du anwenden?
   b. Welches Grundrezept (GR) ist enthalten?
3. **Ergänze** die Bewertung.

Rezept:

Garmachungsart: ____________________ Grundrezept: ____________________

Bewertung:

○ Vorspeise ○ Hauptspeise ○ Beilage ○ Salat
○ Nachspeise ○ Getränk ○ Gebäck/Kuchen/Torte

- **Fettgehalt** ○ hoch ○ mittel ○ gering ○ keiner
- **Zuckergehalt** ○ hoch ○ mittel ○ gering ○ keiner
  ⇨ **Kaloriengehalt** ○ hoch ○ mittel ○ niedrig
- **Vitamine und Mineralstoffe** ○ bleiben erhalten ○ gehen verloren
- **Röststoffgehalt** ○ hoch ○ mittel ○ gering ○ keiner
  ⇨ **Verdaulichkeit** ○ schwer ○ mittel ○ leicht

- ____________________
- ____________________
- ____________________
- ____________________
- ____________________

- Zubereitungszeit: ca. ____________________
- Garzeit: ____________________
- Wartezeiten (z. B. Kühlen, Gehen lassen, Ansteifen, Quellen etc.):

____

Küchen-Abc-Karten

Herstellung:

- Karten evtl. vergrößert kopieren, laminieren, schneiden
- Evtl. jede Rubrik (GMA, GR) auf eine andere Papierfarbe kopieren, um die Zuordnung zu erleichtern

Methode/Hinweise:

- Einsatz zur Bewertung eines Rezeptes (siehe Station)
- Vorüberlegungen für das Schreiben eines Organisationsplanes

GMA: Braten im Backofen

Garen in heißer Luft und heißem Fett bei ca. 200°C – 220°C

- Lange Garzeit, Vitamine und Mineralstoffe gehen verloren
- Viele Röststoffe, daher schwer verdaulich
- Viel Fett, daher sehr kalorienreich

- Mageres Fleisch mit Fett bestreichen oder mit Speck umwickeln
- Fett muss heiß sein, damit sich die Poren schließen
- Öfter aufgießen, damit eine gute Soße entsteht

- Gargut ab ¾ kg Mindestgewicht

GMA: Schmoren

Kräftiges Anbräunen in heißem Fett bei ca. 180°C, anschließendes Garen mit Flüssigkeit bei ca. 100°C im geschlossenem Topf

- Hohe Temperatur, Vitamine und Mineralstoffe gehen verloren
- Viele Röststoffe, daher schwer verdaulich
- Viel Fett, daher sehr kalorienreich

- Wasserfreies Fett verwenden, z. B. Öl, Schmalz
- Fett sehr heiß erhitzen, damit sich die Poren schnell schließen
- Öfter aufgießen

- Gulasch, Rouladen, Schmorbraten

GMA: Grillen

Garen unter Bräunung durch Strahlungswärme bei ca. 300°C

- Viele Röststoffe, daher schwer verdaulich
- Hohe Temperatur, Vitamine und Mineralstoffe gehen verloren
- Wenig Fett, daher kalorienarm

- Bei großem Grillgut untere Einschubhöhe, bei kleinem Grillgut hohe Einschubhöhe wählen
- Wasserfreies Fett verwenden

- Fisch, Fleisch, Fleischspieße
- Gemüse, Kartoffeln

GMA: Überbacken

Garen unter Bräunen und Verkrusten der Oberfläche in trockener Hitze bei ca. 200°C – 250°C

- Viele Röststoffe, daher schwer verdaulich
- Hohe Temperatur, viele Vitamine und Mineralstoffe gehen verloren
- Viel Fett, daher kalorienreich

- Einschubhöhe je nach Größe des Gargutes wählen
- Speisen ohne Deckel überbacken

- Toast
- Gratin, Auflauf

GMA: Kochen

Garen in reichlich Flüssigkeit bei ca. 100° C

- Keine Röststoffe, daher gut verdaulich
- Wenig Fett, daher kalorienarm
- Hoher Vitamin- und Mineralstoffverlust

- Topf mit Deckel erhitzen, dies spart Zeit und Energie
- So wenig Flüssigkeit wie möglich einfüllen, das verringert Vitamin- und Mineralstoffverluste

- Nudeln, Reis, Gemüse, Eier
- Suppen, Eintöpfe

GMA: Dünsten

Garen im eigenen Saft mit wenig Fett und wenig Flüssigkeit bei ca. 100°C

- Sehr schonend, Vitamine und Mineralstoffe bleiben erhalten
- Wenig Röststoffe, daher gut verdaulich
- Wenig Fett, daher kalorienarm

- Deckel schließen, damit Flüssigkeit nicht verdampft
- Butter nicht zu heiß erhitzen, sonst entstehen bittere bzw. krebserregende Stoffe

- Gemüse, Reis, Obst, Fisch usw.

GMA: Backen im Backofen

Garen in trockener, heißer Luft (120°C – 250°C) bei gleichzeitiger Bräunung

- Hohe Temperatur, dadurch viele Röststoffe
- Variabler Fett- und Zuckergehalt

- Garzeiten sind immer nur eine ca.-Angabe, Garproben machen
- Am Anfang den Ofen nicht öffnen

- Teige aller Art

GMA: Braten in der Pfanne

Garen in heißem Fett bei ca. 120°C – 180°C

- Hohe Temperatur, dadurch viele Röststoffe und Vitamine und Mineralstoffe gehen verloren
- Viel Fett, daher sehr kalorienreich

- Wasserfreies Fett verwenden, z. B. Öl, Schmalz
- Fett sehr heiß erhitzen, damit sich die Poren schnell schließen

- Schnitzel, Steak, Kotelett etc.

GMA: Druckgaren

Garen unter Druck mit mindestens ¼ l Flüssigkeit bei 105°C – 120°C

- Sehr schonend, Vitamine und Mineralstoffe bleiben erhalten
- Keine Röststoffe, daher leicht verdaulich

- Verkürzte Garzeit
- Hohe Explosions- und Verletzungsgefahr bei unsachgemäßer Bedienung

- Kartoffeln
- Gulasch, Rouladen

GMA: Frittieren

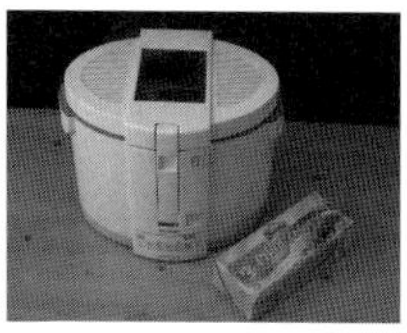

Garen im schwimmenden heißen Fett bei ca. 160°C – 220°C

- Röststoffreich, schwer verdaulich
- Hoher Fettgehalt, daher sehr kalorienreich
- Hohe Temperatur, Vitamine und Mineralstoffe gehen verloren

- Wasserfreies Fett verwenden, z. B. Öl, Plattenfett

- Pommes frites
- Gemüse, Fleisch, Fisch
- Gebäck, z. B. Krapfen

GR: Reis gedünstet

Menge	Zutaten
250 g	Langkornreis
1 EL	Öl
1	Zwiebel
½ l	Brühe
	Salz, Pfeffer

Beilage

- Leicht verdaulich
- Wenig Fett, daher kalorienarm
- Viele wertvolle Vitamine, Mineralstoffe und Ballaststoffe

- Verhältnis Reis zu Wasser = 1:2

- Garzeit: Weißer Reis: 20 Min.
- Garzeit: Vollkornreis: 30 Min.

GR: Reis gekocht

Menge	Zutaten
250 g	Langkornreis
½ l	Brühe
	Salz, Pfeffer

Beilage

- Sehr schonend, leicht verdaulich
- Keine Fettzugabe, daher kalorienarm
- Viele wertvolle Vitamine, Mineralstoffe und Ballaststoffe

- Verhältnis Reis zu Wasser = 1:2

- Garzeit: Weißer Reis: 20 Min.
- Garzeit: Vollkornreis: 30 Min.

GR: Nudeln gekocht

Menge	Zutaten
300 g	Nudeln
reichlich	Salzwasser

Beilage

- Leicht verdaulich
- Fettarm, kalorienarm
- Kohlenhydratreich, Vollkornnudeln sind auch ballaststoffreich

- Wasser muss kochen, wenn man die Nudeln zugibt
- Deckel nur halb auflegen, sonst kocht das Nudelwasser über
- Nudeln sollen bissfest sein, Garzeit genau einhalten

- Salzwasser zum Kochen erhitzen
- Garzeit: 10 Min. bzw. Packungsaufschrift beachten

GR: Kartoffelbrei

Menge	Zutaten
800 g	Kartoffeln
	Wasser
250 ml	Milch
¼ TL	Salz
1 Pr.	Muskat
1 EL	Butter

Beilage

- Sehr schonend, leicht verdaulich
- Fettarm, daher kalorienarm
- Viele wertvolle Vitamine, Mineralstoffe und Ballaststoffe

- Verwende mehlig kochende Kartoffeln
- Kartoffelbrei nicht zu stark rühren, sonst wird er klebrig

- Garzeit der Salzkartoffeln:
  Im Topf: 30–40 Min.
  Im Schnellkochtopf: 12–15 Min.

GR: Semmelknödel

Menge	Zutaten
1 kl.	Zwiebel
1 EL	Petersilie
1 EL	Öl
8	alte Brötchen/Semmeln
ca. ¼ l	Milch
2	Eier
etwas	Salz
reichlich	Salzwasser zum Kochen

Beilage

- Leicht verdaulich
- Fettarm, kohlenhydratreich

- Knödel mit nassen Händen formen
- Evtl. Probeknödel in kochendes Salzwasser einlegen

- Geschnittene Brötchen/Semmeln mit lauwarmer Milch übergießen und 20–30 Min. ziehen lassen
- Salzwasser zum Kochen erhitzen
- Garzeit: 15–20 Min.

GR: Spätzle

Menge	Zutaten
300 g	Mehl
200 ml	Wasser
3	Eier
1 Pr.	Salz
reichlich	Salzwasser
1 EL	Butter zum Schwenken

Beilage

- Sehr schonend, leicht verdaulich
- Fettarm, kohlenhydratreich

- Spätzleteig portionsweise in kochendes Salzwasser geben
- Spätzle abschöpfen, wenn sie an der Oberfläche schwimmen
- Mit kaltem oder heißem Wasser abbrausen

- Salzwasser zum Kochen erhitzen
- Garzeit: jede Portion 3–5 Min.

GR: Salzkartoffeln

Menge	Zutaten
½–¾ kg	Kartoffeln
etwas	Salzwasser
	Salz, evtl. Petersilie

Beilage

- Leicht verdaulich
- Keine Fettzugabe, daher kalorienarm
- Kohlenhydratreich
- Vitamin- und mineralstoffreich
- Ballaststoffreich

- Verwende vorwiegend festkochende Kartoffeln

- Garzeit: 30–40 Min.
- Garzeit im Schnellkochtopf: 12–15 Min.

GR: Gedünstetes Gemüse

Menge	Zutaten
½–¾ kg	Gemüse
1	Zwiebel
1 EL	Fett
wenig	Flüssigkeit
	Salz, Pfeffer, Gewürze, Kräuter

Beilage

- Wenig Fett, daher kalorienarm
- Viele wertvolle Vitamine, Mineralstoffe und Ballaststoffe

- Gemüse nur bissfest garen, so bleiben Vitamine und Mineralstoffe erhalten

- Garzeit: je nach Größe und Gemüseart 5–20 Min.

GR: Salatmarinade (rohe Salate)

Menge	Zutaten
2–3 EL	Öl oder
4–6 EL	Sahne/Saure Sahne/Joghurt
2–3 EL	Essig oder Zitronensaft
Prise	Salz, Zucker, Pfeffer, Kräuter

Salat

- Rohes Gemüse ist schwerer verdaulich
- Viele Vitamine und Mineralstoffe
- Ballaststoffreich
- Kalorienarm

- Blattsalat erst kurz vor dem Servieren marinieren, da er sonst zusammenfällt

- Manche Salate kann man ziehen lassen, z. B. Karottenrohkost

GR: Salatmarinade (gekochte Salate)

Menge	Zutaten
4–6 EL	Essig oder Zitronensaft
1/8 l	Heiße Brühe
Prise	Salz, Zucker, Pfeffer, Kräuter
evtl. 1 TL	Senf
2–3 EL	Öl

Salat oder Beilage

- Schonend, leichter verdaulich
- Kalorienarm
- Viele Vitamine und Mineralstoffe
- Ballaststoffreich

- Heiße Marinade ohne Öl über das gegarte, noch warme Gemüse oder Kartoffeln geben
- Öl erst nach dem Ziehen zugeben

- Garzeit: Gemüse/Kartoffeln je nach Art und Größe 5–40 Min.
- Salat 20–30 Min. ziehen lassen

GR: Fleischteig

Menge	Zutaten
1 kl.	Zwiebel
1 EL	Petersilie
1 EL	Öl
1	altes Brötchen/alte Semmel
	Wasser zum Einweichen
400 g	Hackfleisch
2	Eier
½ TL	Salz
etwas	Pfeffer

Hauptspeise

- Fettreich, eiweißreich
- Verdaulichkeit je nach Art der Zubereitung

- Achte auf die Hygiene bei der Verarbeitung
- Achte auf das Mindesthaltbarkeitsdatum des Hackfleisches

- Garzeit: je nach Art der Weiterverarbeitung, z. B. als Füllung, als Bratling etc.

GR: Pfannkuchenteig

Menge	Zutaten
250 g	Mehl
3	Eier
1 Pr.	Salz
½ l	Milch
	Fett zum Ausbacken

Suppeneinlage, Hauptspeise, Nachspeise

- Fettreich, kalorienreich
- Schwer verdaulich

- Teig soll dickflüssig sein
- Bei längerem Stehen quillt der Teig und benötigt Flüssigkeitszugabe

- Garzeit: jeder Pfannkuchen ca. 3–6 Min.
- Garzeit für die Weiterverarbeitung, z. B. Suppe, gefüllte Pfannkuchen, überbackene Pfannkuchen

GR: Cremesuppe

Menge	Zutaten
1	Zwiebel
500 g	Gemüse
1 EL	Fett
¾ l	Flüssigkeit, z. B. Brühe, Milch
Pr.	Salz, Pfeffer, gekörnte Brühe
2–4 EL	Sahne

Suppe

- Leicht verdaulich
- Viele Vitamine und Mineralstoffe
- Viele Ballaststoffe

- Je kleiner das Gemüse geschnitten ist, desto kürzer ist die Garzeit
- Verwendung von einer oder mehreren Gemüsesorten möglich

- Garzeit: je nach Gemüseart 5–20 Min.

GR: Einfache Creme

Menge	Zutaten
2	Eiweiß
2	Eigelb
40 g	Zucker
20 g	Stärke
½ l	Flüssigkeit, z. B. Milch, Saft
etwas	Sahne

Nachspeise

- Viel Zucker, daher kalorienreich

- Beim Eitrennen darf kein Eigelb zum Eiweiß kommen
- Evtl. auf die Verwendung von rohem Eischnee wegen Salmonellengefahr verzichten

- Garzeit: ca. 5 Min.
- Abkühlzeit: ca. 20–30 Min.

GR: Wurzelbrühe

Menge	Zutaten
1 EL	Fett
1–2	Karotten
1–2	Petersilienwurzeln
¼ Knolle	Sellerie
1 St.	Lauch
1	Zwiebel mit Schale
1½ l	Wasser
etwas	Liebstöckel

Suppe

- Klare Brühe für Suppe
- Aufgussflüssigkeit für Soßen

- Gemüse nur grob schneiden, da es später wieder abgeseiht wird
- Die Zwiebelschale gibt der Brühe eine schöne Farbe

- Garzeit im Topf: 120 Min.
- Garzeit im Schnellkochtopf: 30 Min.

GR: Gelatine

Menge	Zutaten
6 Blatt	Gelatine oder
1 P.	Gelatine
500 ml	Flüssigkeit, z. B. Milch, Joghurt, Obstpüree

Nachspeise, Tortenfüllung

- Eiweißreich, gut für Gelenke
- Wird aus Tierknochen gewonnen

- Gelatinebedarf je nach Flüssigkeitsmenge berechnen
- Gelatine darf nicht aufkochen, sonst verliert sie ihre Wirkung
- Bei warmen Massen kann auf das Auflösen der Gelatine im Wasserbad verzichtet werden

- Quellzeit: Gelatineblätter müssen 10 Min. in kaltem Wasser quellen
- Ansteifzeit: 30–120 Min. im Kühlschrank

GR: Echter Biskuitteig

Menge	Zutaten
1	Ei
Pr.	Salz
25 g	Zucker
30 g	Mehl

Kuchen, Torten

- Fettarm, jedoch zuckerreich
- Viele Eier, daher cholesterinreich
- Triebmittel ist eingeschlagene Luft

- Verwende stets frische Eier
- Eiklar/Eiweiß muss zu sehr steifem Eischnee geschlagen werden
- Mengenangabe: Obstboden x 4, Biskuitrolle x 5

- Garzeit: je nach Menge 8–40 Min.
- Abkühlzeit vor der Weiterverarbeitung

GR: Wasserbiskuit

Menge	Zutaten
1	Ei
1 EL	Wasser
Pr.	Salz
40 g	Zucker
50 g	Mehl
Pr.	Backpulver

Kuchen, Torten

- Fettarm, jedoch zuckerreich
- Triebmittel ist eingeschlagene Luft und Backpulver

- Verwende stets frische Eier
- Eiklar/Eiweiß muss zu sehr steifem Eischnee geschlagen werden
- Mengenangabe: Obstboden x 3, Biskuitrolle x 4

- Garzeit: je nach Menge 8–40 Min.
- Abkühlzeit vor der Weiterverarbeitung

GR: Hefeteig

Menge	Zutaten
500 g	Mehl
20 g	Hefe
¼ l–⅛ l	lauwarme Flüssigkeit, z. B. Milch, Wasser
½ TL	Zucker
Pr.	Salz
	<u>Je nach Verwendung:</u>
50–100 g	Fett
50–80 g	Zucker
1–2	Eier

Kuchen, Hauptspeise

- Teiglockerung durch Hefe
- Fett- und zuckerarm, daher mäßig kalorienreich

- Hefeteig abdecken, an einem warmen Ort gehen lassen
- Salz, Zucker oder Fett nie direkt in die Hefe geben

- Gehzeit: 20–30 Min.
- Garzeit je nach Weiterverarbeitung 20–60 Min.

GR: Quark-Öl-Teig

Menge	Zutaten
150 g	Quark
6 EL	Öl
2 EL	Milch
1	Ei
Pr.	Salz
300 g	Mehl
1 P.	Backpulver
75 g	Zucker (nur süßer Teig)

Kuchen, Gebäck, Hauptspeise

- Fettarm, kalorienarm
- Triebmittel ist Backpulver

- Für süßes oder salziges Gebäck geeignet
- Quark-Öl-Teig kann den Hefeteig ersetzen

- Garzeit je nach Weiterverarbeitung 20–60 Min.

GR: Mürbteig

Menge	Zutaten
300 g	Mehl
1 Msp.	Backpulver
100 g	Zucker
1 Pr.	Salz
1	Ei
200 g	Butter

Gebäck, Kuchen

- Fett- und zuckerreich
- Kalorienreich
- Triebmittel Backpulver

- Verhältnis Mürbteig: Mehl (3–4 Teile) : Butter (2 Teile) : Zucker (1 Teil)
- Teig nach dem Kneten 30 Minuten kalt stellen

- Kühlzeit: 30 Min.
- Garzeit: je nach Rezept

GR: Brandteig

Menge	Zutaten
¼ l	Wasser
1 Pr.	Salz
50 g	Butter
150 g	Mehl
4	Eier
1 Msp.	Backpulver

Nachspeise

- Fett- und zuckerarm
- Kalorienarm
- Triebmittel: Wasserdampf und Backpulver

- Topf schließen
- Beim Abbrennen muss sich am Topfboden weißlicher Belag bilden
- Eier nach und nach zugeben, sodass sich die Masse gut verbinden kann

- Garzeit: 30 Min.
- Abkühlzeit: ca. 20–30 Min.

GR: Strudelteig

Menge	Zutaten
250 g	Mehl
1 Pr.	Salz
1–2 EL	Öl
1	Ei
ca. ⅛ l	lauwarmes Wasser
evtl. 1 EL	Essig

Kuchen, Hauptspeise

- Wenig Fett, wenig Zucker
- Kalorienarm

- Strudelteig schlagen, bis er glatt und glänzend ist und deutlich die Form einer Zunge bildet
- Teig mit Öl bepinseln, mit einer mit Dampf beschlagenen Metallschüssel abdecken und ruhen lassen

- Ruhezeit: 30 Min.
- Garzeit: 30–40 Min.

GR: Rührteig

Menge	Zutaten
250 g	Butter
Pr.	Salz
250 g	Zucker
4	Eier
500 g	Mehl
1 P.	Backpulver
150–200 g	Geschmackszutaten, z. B. Nüsse, Schokolade, Obst
¼ l	Milch

Kuchen

- Fett- und zuckerreich, daher sehr kalorienreich
- Triebmittel ist Backpulver

- Garzeiten sind immer nur eine ungefähre Angabe
- Backform einfetten, evtl. mehlen
- Im ersten Drittel der Backzeit Ofen nicht öffnen

- Garzeit: 20–60 Min.

Menü- und Speisenzusammenstellung für ein modernes Menü!

Vorspeise: Kleiner Salat mit Schinken-Käseröllchen

Menge	Zutaten	Zubereitung
½ Kopf ½ Sch. 2 ½	Eissalat Feldsalat Tomaten Gurke	1. Salat waschen, vorbereiten 2. Tomaten waschen und achteln 3. Gurke waschen, schälen und hobeln
3 EL 2 EL etwas ½ TL	Essig Öl Salz, Zucker Pfeffer Senf	4. Salatmarinade aus Essig, Öl, Zucker, Salz und Senf herstellen
1 Sch. 1 Sch.	Schinken gek. Maasdamerkäse	5. Käse auf den Schinken legen, aufrollen, gut zusammendrücken 6. Salat kurz vor dem Essen marinieren und auf Teller portionieren 7. Schinken-Käseröllchen in Scheiben schneiden
etwas	Frische Kräuter	8. Salat mit Schinken-Käseröllchen und frischen Kräutern anrichten

Suppe: Gemüsesuppe mit Klößchen/Knödelchen

Menge	Zutaten	Zubereitung
1 ½ ¼ St.	Karotte Zwiebel Lauch	1. Gemüse waschen und sehr fein schneiden
1 EL ¾ l	Öl Brühe	2. Öl erhitzen und Gemüse andünsten 3. Suppe mit Brühe aufgießen und ca. 5 Min. kochen lassen
  25 g 1	<u>Klößchen/</u> <u>Knödelchen:</u> Butter Ei	 4. Butter, Ei, Paniermehl/Semmelbrösel, Kräuter und Gewürze gut vermengen
3 EL	Paniermehl/ Semmelbrösel	5. Mit nassen Händen kleine Klößchen/Knödelchen formen
1 TL etwas	Petersilie Salz, Muskat	6. Klöße/Knödel in die Suppe einlegen, ca. 10–15 Min. köcheln lassen (evtl. nochmals Brühe aufgießen) 7. Suppe pikant abschmecken
1 EL	Frische Kräuter	8. Suppe mit frischen Kräutern anrichten

Rezeptblatt

Menü- und Speisenzusammenstellung für ein modernes Menü!

Hauptgericht: Putenröllchen in Speckkruste

Menge	Zutaten	Zubereitung
2 1 kl. ½ Bd.	Putenschnitzel Zwiebel Petersilie	1. Fleisch waschen, trocken tupfen 2. Putenschnitzel längs einmal halbieren 3. Zwiebel schälen und in feine Würfel schneiden 4. Petersilie waschen und fein hacken
2 EL	Öl Salz, Pfeffer	5. Öl erhitzen, Zwiebel und Petersilie andünsten 6. Fleisch von beiden Seiten würzen 7. Fleisch mit Zwiebel-Petersilienmasse bestreichen
4 Sch. 4	Speck Zahnstocher	8. Fleisch aufrollen und mit einer Scheibe Speck umwickeln, mit einem Zahnstocher feststecken
		9. Öl in einem Schmortopf erhitzen, Röllchen von allen Seiten gut anbraten
ca. ¼ l 1 TL	Wasser Brühe	10. Brühe aufgießen und ca. 20 Min. schmoren
100 ml	Sahne Salz, Pfeffer	11. Soße herstellen: Sahne und Gewürze hinzugeben 12. Soße evtl. binden 13. Röllchen mit Petersilie anrichten

Sättigungsbeilage: Wildreis

Menge	Zutaten	Zubereitung
1 T. 2 T. 2 Pr.	Wildreis Wasser Salz	1. Reis waschen 2. Reis, Wasser und Salz in den Topf geben 3. Einmal aufkochen lassen 4. Reis bei geschlossenem Topf ca. 20 Min. quellen lassen (niedrige Stufe)

Gemüsebeilage: Glasierte Bohnen

Menge	Zutaten	Zubereitung
300 g	Brechbohnen	1. Bohnen putzen und waschen 2. Wasser erhitzen, Bohnen ca. 8 Min. bissfest kochen 3. Bohnen abseihen
½ 2 EL 1 EL	Zwiebel Öl Zucker	4. Zwiebel schälen und in feine Würfel schneiden 5. Öl erhitzen, Zwiebel andünsten 6. Zucker zugeben 7. Bohnen zugeben und glasieren
etwas	Salz, Pfeffer, Bohnenkraut	8. Bohnen pikant abschmecken

Menü- und Speisenzusammenstellung für ein modernes Menü!

Gemüsebeilage: Glasierte Karottensticks

Menge	Zutaten	Zubereitung
250 g	Karotten	1. Karotten putzen und waschen 2. Karotten in fingerdicke Sticks, ca. 4 cm lang, schneiden
½	Zwiebel	3. Zwiebel schälen und in feine Würfel schneiden
2 EL	Öl	4. Öl erhitzen, Zwiebel andünsten
⅛ l	Wasser	5. Wasser zugeben und bissfest dünsten
1 EL	Zucker	6. Zucker zugeben und Karotten glasieren
etwas	Salz, Pfeffer Brühe	7. Karottensticks pikant abschmecken

Nachspeise: Joghurtnocken auf Himbeersoße

Menge	Zutaten	Zubereitung
5 Bl. 1 B. 2 B. 3 EL	Gelatine Sahne Joghurt Puderzucker	1. Gelatine einweichen 2. Sahne steif schlagen und kühlen 3. Joghurt und Puderzucker verrühren
		4. Gelatine ausdrücken, im Wasserbad auflösen und unter die Joghurtcreme rühren 5. Gelatinecreme kurz ansteifen lassen 6. Creme aufrühren 7. Sahne unter die Gelatinecreme heben 8. Gelatinecreme in eine Schüssel umfüllen und kühlen
150 g 1 EL	Himbeeren Zucker	9. Himbeeren mit Zucker mischen und pürieren 10. Himbeermasse durchpassieren 11. Dessert anrichten: Himbeersoße auf Teller verteilen, 2–3 Nocken abstechen
ca. 10	Himbeeren Minzblätter	12. Dessert mit einigen frischen Himbeeren und Minzblättern anrichten

Projekt

Menüzusammenstellung

WG-Einweihungsparty

Ihr verlasst bald die 9. Klasse und beginnt eine Lehre. Da euer Arbeitsplatz etwas weiter weg ist, erfüllt ihr euch einen weiteren Wunsch und mietet euch in eine Wohngemeinschaft (WG) ein. Zur Einweihung kocht ihr ein modernes Menü.

Das müsst ihr tun:

1. Zuerst besprecht ihr in der Gruppe die hier gestellte Aufgabe.
2. Als Nächstes überlegt jedes Gruppenmitglied einen eigenen Menüvorschlag.
3. Dann besprecht und vergleicht ihr in der Gruppe eure Menüvorschläge und einigt euch auf ein gemeinsames Menü.
4. Danach schreibt ihr gemeinsam einen Aufgabenverteilungsplan für die Gruppe.
5. Weiter erstellt jeder Einzelne für seine Gerichte einen Einkaufszettel und Organisationsplan.
6. Jeder entwirft eine Menükarte für das Menü.
7. Wählt danach in der Gruppe eine gemeinsame Menükarte aus.
8. Jeder bewertet sein eigenes Gericht, z. B. Gang, Garmachungsart, Grundrezept, ernährungsphysiologische Bewertung etc.
9. Am Praxistag übernimmt jedes Gruppenmitglied die Zubereitung und erledigt seine sonstigen Aufgaben.
10. Die Tischdekoration sollte ebenfalls entsprechend dem Anlass angepasst sein.
11. Bei der Präsentation stellt jedes Gruppenmitglied seine eigenen Gerichte vor.
12. Reflektiert gemeinsam euer Projekt.

Jedes Gruppenmitglied erstellt eine Projektmappe mit folgendem Inhalt:

- Deckblatt und Inhaltsverzeichnis
- Eigener und gemeinsamer Menüvorschlag
- Einkaufszettel
- Menükarte
- Bewertung des Gerichtes
- Rezepte und Fotos der Gerichte
- Reflexion des Projekts

Der Haushalt – ein Ort des Wirtschaftens

Übersicht über die Stationen:

- **Station „Das erste Gehalt"**
  Medien: PC mit Internetanschluss, Taschenrechner
- **Station „Ausgaben eines privaten Haushaltes"**
  Medien: Taschenrechner
- **Station „Monatlicher Konsum"**
  Medien: Taschenrechner
- **Station „Sparstrategien im privaten Haushalt"**
- **Station „Vergleich von Discounter und Supermarkt"**
- **Station „Preisvergleich in Discounter und Supermarkt"**
  Organisation: kann evtl. als Hausaufgabe oder bei einem Unterrichtsgang bearbeitet werden
- **Station „Wir berechnen die Kosten eines Menüs"**
- **Station „Wir berechnen die Kosten eines Rezepts"**
- **Projekt „Finanzieren eines gesunden Essens mit dem geringen Gehalt eines Auszubildenden"**
- **Station „Gründe für eine Reklamation"**
- **Station „Durchführung einer Reklamation"**
- **Station „Verbraucherschutz"**

Ⓚ Kompetenzen:

- Die prozentuale Verteilung der Ausgaben eines privaten Haushaltes kennen und zur Berechnung des zur Verfügung stehenden Geldes nutzen.
- Aspekte zum sparsamen Wirtschaften kennen und diese bei der Kostenplanung eines Menüs umsetzen.
- Rechte des Verbrauchers kennen und zum eventuellen Reklamieren einer mangelhafte Ware nutzen.

Station

Das erste Gehalt

Was möchtest du dir vom ersten Gehalt alles kaufen?

Aufgaben:

1. Du verdienst als Auszubildender bald dein erstes Gehalt. Welche Wünsche erfüllst du dir damit? **Trage** 5 Wünsche in die Tabelle **ein**.
2. **Informiere** dich im Internet, wie viel diese 5 Wünsche jeweils kosten.
3. **Finde heraus**, wie hoch dein Gehalt im ersten Lehrjahr sein wird. Welche der 5 Wünsche kannst du davon finanzieren?

	Wunsch	Kosten
1.		€
2.		€
3.		€
4.		€
5.		€
	Summe	€
	Gehalt im ersten Lehrjahr	€

Station

Ausgaben eines privaten Haushaltes

Wofür geben wir unser verdientes Geld aus?

Aufgaben:

1. **Lies** die monatlichen Ausgaben durch.

350 € Miete	15 € Restaurantbesuch	2 € Zahnpasta
140 € Lebensmittel	8 € Kinobesuch	80 € Winterjacke
50 € Monatsticket Bahn	30 € Stromrechnung	8 € Museum
10 € Frisör	49 € Handy, Telefon	12 € Schulmaterial
400 € Urlaub	200 € Versicherungen	15 € Apotheke

2. **Ordne** sie der zutreffenden Kategorie zu und **trage** sie in das Kreisdiagramm ein.
3. **Addiere** die monatlichen Ausgaben: ________________ €
4. Welche Ausgaben müsstest du bei einem Azubi-Gehalt von 850 € **streichen**, da du sie dir nicht leisten könntest?

____

____

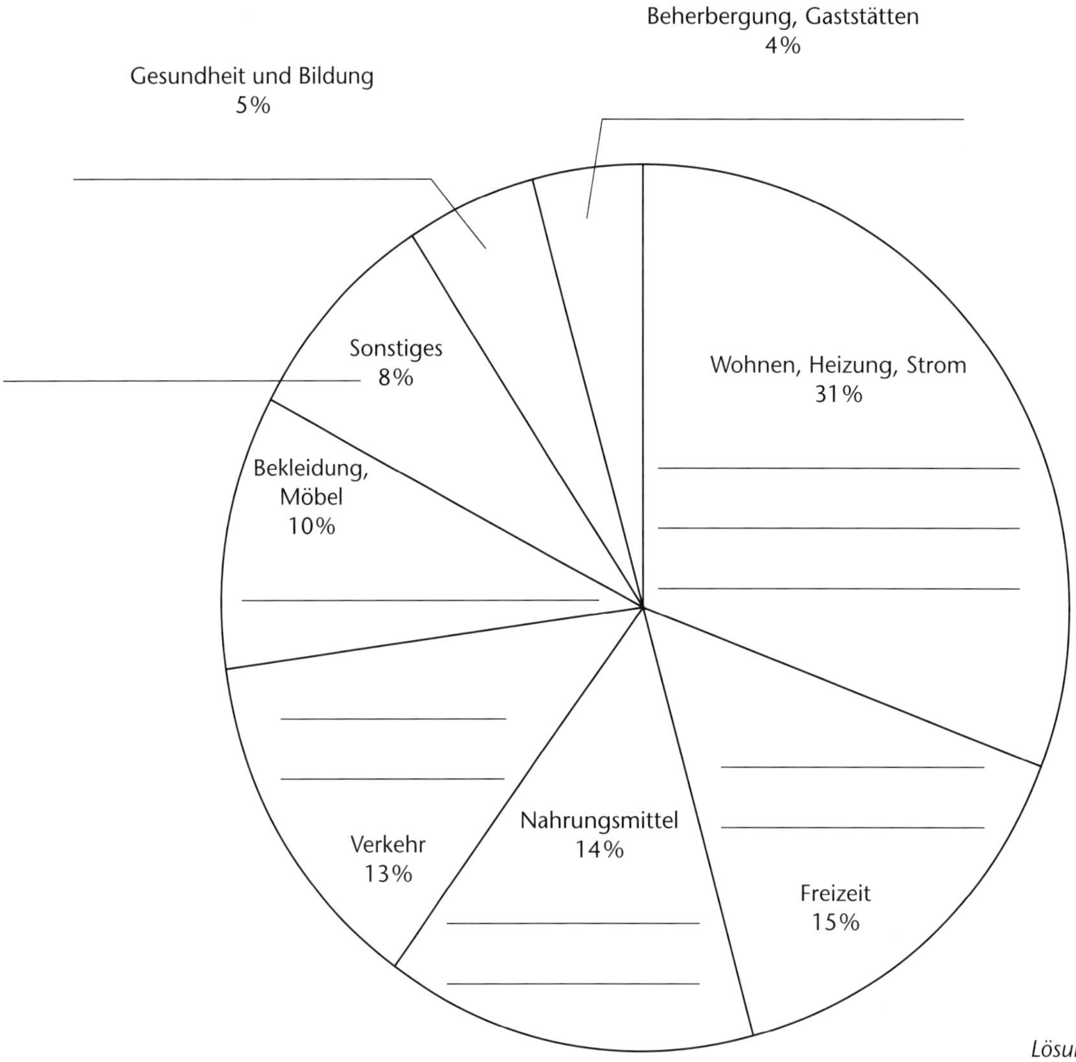

Lösung, S. 94

Station

Monatlicher Konsum

Je höher das Gehalt, desto mehr kannst du konsumieren!

Aufgaben:

1. **Betrachte** im Balkendiagramm die Prozentverteilung der monatlichen Ausgaben eines privaten Haushalts.
2. **Berechne,** wie hoch die prozentualen Ausgaben bei den unterschiedlichen Gehältern sind, z. B. verdient ein Azubi im 1. Lehrjahr meist unter 1000 €.
   - **a)** Errechne die monatlichen Ausgaben mit dem Nettogehalt von 2300 € (= durchschnittliches Nettogehalt in Deutschland).
   - **b)** Errechne die monatlichen Ausgaben mit einem Azubigehalt von 700 €.

Prozentverteilung	30 %	15 %	14 %	13 %	10 %	8 %	5 %	4 %
Ausgaben eines privaten Haushaltes	Wohnen, Heizung, Strom	Freizeit	Nahrungsmittel	Verkehr	Bekleidung, Möbel	Sonstiges	Gesundheit, Bildung	Beherbergung, Gaststätten
Nettogehalt	*Formel:* *Grundwert (Gehalt) x Prozentsatz (%) : 100 = Prozentwert (Ausgabe)*							
1000 €	1000 x 30 / 100 = **300 €**	____ x 15 / 100 = **150 €**	____ x / 100 = ____ €					
2300 €	2300 x 30 / 100 = **690 €**							
700 €								

3. **Trage ein,** wie viel Geld dir für Lebensmittel (14 %) bei einem Gehalt von 700 € im Monat bleibt.

   ______________________ €

   Berechne, wie viel Geld du täglich für Lebensmittel ausgeben kannst. ____________ €

Lösung, S. 94

Station

Sparstrategien im privaten Haushalt

Finanzieren eines Haushalts mit knappem Einkommen

Aufgaben:

1. **Lies** die Fallen für einen sparsamen Einkauf durch.
2. **Diskutiere** mit deinem Partner über Empfehlungen für sparsameres Wirtschaften und trage sie in die rechte Spalte ein!

Achtung Geldverschwendung!	**So freut sich der Geldbeutel!**
Am Kiosk oder an der Tankstelle kosten Lebensmittel fast doppelt so viel wie im Supermarkt.	
Bei Markenprodukten zahlt man auch für den teuren Namen mit.	
Erdbeeren sind im Dezember wesentlich teurer als in den Saisonmonaten Mai und Juni.	
In Augenhöhe findet man im Supermarktregal immer die teuren Markenprodukte.	
Großpackungen rentieren sich nicht, wenn man die Hälfte dann wegwerfen muss, weil es verdirbt.	
Gekaufte Snacks in der Schulpause oder bei Ausflügen können ganz schön ins Geld gehen.	
Wer hungrig zum Einkaufen geht, lässt sich oft zum Kauf von Lebensmitteln verführen, die er gar nicht braucht.	
Wenn man aus Bequemlichkeit im teuren Supermarkt um die Ecke einkauft, kann man bis zu 25 % mehr Geld ausgeben.	
Beim Überziehen des Kontos entstehen hohe Strafzinsen bis zu 15 %.	
Bei Ratenkauf entstehen oft insgesamt wesentlich höhere Kosten als bei Barzahlung.	

Station

Name: ____________________

Vergleich von Discounter und Supermarkt

Wo kann ich günstiger einkaufen?

Aufgaben:

1. **Lies** die Texte durch.
2. **Formuliere** Vor- und Nachteile.
   Überlege, wo du günstiger einkaufen kannst.
3. **Notiere** 3 Beispiele für jede Ladenart.

© Minerva Studio – Fotolia

Der Discounter

- Geringe Produktpalette reduziert die Lagerkosten und den organisatorischen Aufwand. Besondere, ausgefallenere Produkte gibt es eher nicht.
- Weniger teure Markenartikel, mehr selbst vermarktete Eigenmarken. Das senkt die Kosten.
- Bescheidene Ausstattung des Ladens. Waren werden bei manchen Discountern aus Paletten oder Kartons verkauft.
- Geringerer Service durch weniger Verkaufspersonal.

Vorteile:

☺ ____________________

☺ ____________________

☺ ____________________

☺ ____________________

Nachteile:

☹ ____________________

☹ ____________________

☹ ____________________

Beispiele: ____________________

____

Der Supermarkt (= Vollsortimenter)

- Größere Produktpalette, vielfältigeres Angebot, dadurch höhere Lagerkosten und Logistik.
- Größere Auswahl an Markenprodukten, die teurer sind als „No-Name-Produkte".
- Großzügigere Ausstattung des Ladens, mehr Parkplätze, mehr Komfort, schönere Optik.
- Besserer Service durch mehr Verkaufspersonal, mehr Beratung.

Vorteile:

☺ ____________________

☺ ____________________

☺ ____________________

☺ ____________________

Nachteile:

☹ ____________________

☹ ____________________

☹ ____________________

Beispiele: ____________________

____

Lösung, S. 95

Station

Preisvergleich in Discounter und Supermarkt

Ist der Discounter wirklich günstiger?

Name: ______________________

Aufgaben:

1. **Schreibe** einen Einkaufszettel für dein Gericht.
2. **Vergleiche** die Preise der Lebensmittel in den beiden Geschäftstypen:
   a) **Gehe** in einen Supermarkt und in einen Discounter und informiere dich, was diese Lebensmittel jeweils kosten.
   b) **Trage** die Preise in die Tabelle ein.
   c) **Berechne** die Summe der Kosten.
3. **Überlege** folgende Punkte:
   a) In welchem Geschäft bekommt man die Lebensmittel günstiger?
   b) Ist die Qualität der Waren vergleichbar?
   c) In welchem Geschäft macht das Einkaufen mehr Spaß?

Einkaufszettel für das Rezept ______________________	**Discounter** z. B. ________	**Supermarkt** z. B. ________
	€	€
	€	€
	€	€
	€	€
	€	€
	€	€
	€	€
	€	€
	€	€
	€	€
	€	€
	€	€
	€	€
	€	€
	€	€
Summe	€	€

Name: ____________

Wir berechnen die Kosten eines Menüs

Aufgaben:

1. **Trage** die Preise mithilfe des Kassenzettels in die Spalte „Kosten" ein.
2. **Führe** eine Kostenberechnung durch.

Kosten	Paprika-Hähnchenkeulen		
€	**Menge**	**Zutaten**	**Zubereitung**
______	3–4	Hähnchenkeulen	1. Hähnchenkeulen waschen, trocken tupfen
______	Prise	Salz, Pfeffer	2. Hähnchenkeulen würzen
______	etwas	Öl	3. Öl erhitzen, Hähnchenkeulen anbraten **Garzeit:** 20 Min.
______	1	Zwiebel	4. Zwiebel in feine Würfel schneiden
______	1 TL	Paprikagewürz	5. Hähnchenkeulen herausnehmen, Zwiebeln anbraten
______	ca. ⅛ l	Brühe	6. Paprika zugeben, mit Brühe ablöschen
______	1 B.	Sauerrahm	7. Sauerrahm und Tomatenmark zugeben und abschmecken
______	1 EL	Tomatenmark	8. Hähnchenkeulen wieder einlegen und noch einige Minuten ziehen lassen **Garzeit:** 5 Min.
=	**Summe**		

Kosten	Gedünsteter Reis		
€	**Menge**	**Zutaten**	**Zubereitung**
______	1 EL	Öl	1. Öl erhitzen
______	1 Tasse	Reis	2. Reis glasig andünsten
______	1	Zwiebel	3. Zwiebel zugeben
______	2 Tassen	Wasser	4. Wasser aufgießen, Deckel schließen **Garzeit:** 20 Min.
______	Prise	Salz, Pfeffer	
______	1 TL	Gekörnte Brühe	5. Abschmecken
=	**Summe**		

Rezeptblatt

Name: ____________

Wir berechnen die Kosten eines Menüs

Kosten	Paprika-Tomaten-Gemüse		
€	Menge	Zutaten	Zubereitung
______	2	Paprika-schoten	1. Paprika halbieren, Strunk entfernen, waschen, in Würfel schneiden
______	1	Zwiebel	2. Zwiebel in feine Würfel schneiden
______	2	Tomaten	3. Tomaten halbieren, Strunk ausschneiden, in kleine Würfel schneiden
______	1 EL	Öl Salz, Pfeffer	4. Öl erhitzen, Gemüse anbraten, etwas Wasser aufgießen, dünsten **Garzeit:** 5 Min.
______	Prise	Rosmarin, Thymian, Basilikum	5. Würzen und abschmecken
=	**Summe**		

Kosten	Gemischter Salat		
€	Menge	Zutaten	Zubereitung
______	1	Blattsalat	1. Blattsalat waschen, putzen
______	1 Tasse	Gemüse (z. B. Tomate, Gurke)	2. Gemüse schneiden
		<u>Marinade:</u>	3. Marinade anrühren
______	2 EL	Essig	4. Salat kurz vor dem Anrichten marinieren
	3 EL	Öl	
______	Prise	Salz, Pfeffer	
	1 TL	Senf	
______	1 TL	Kräuter	
=	**Summe**		

Kosten für ein Menü/eine Mahlzeit		
Hähnchenkeulen		€
Gedünsteter Reis	+	€
Paprika-Tomaten-Gemüse	+	€
Gemischter Salat	+	€
Gesamtkosten des Menus	=	€
Kosten für eine Mahlzeit (: Portionen)	=	€

Kostenberechnung:

1. **Addiere** die Kosten für jedes Rezept.
2. **Trage** sie in die Tabelle **ein**.
3. **Berechne** die Gesamtkosten für ein Menü.
4. **Berechne** die Kosten für eine Mahlzeit.

Station

Wir berechnen die Kosten eines Rezepts

Name: ______________________

Aufgaben:

1. **Erstelle** einen Einkaufszettel für dein Rezept.
2. **Trage** die Preise mithilfe des Kassenzettels in die Tabelle ein.
3. **Berechne** die Kosten für dein Rezept.

Einkaufszettel für Rezept ______________________	**Preis**	**Kassenzettel einkleben**
Gesamtkosten für das Rezept		
Kosten für eine Portion		

Projekt

Finanzieren eines gesunden Essens mit dem geringen Gehalt eines Auszubildenden

Ab September müsst ihr euren eigenen Lebensunterhalt mit einem niedrigen Azubi-Gehalt finanzieren. Ihr wollt Freunde zu einem gesunden Essen einladen, das möglichst günstig ist. Nach dem Essen stellt ihr eure Strategien vor, wie ihr mit eurem Gehalt sparsam wirtschaften könnt.

Das müsst ihr tun:

1. Zuerst berechnet ihr, wie hoch euer tägliches Budget für Lebensmittel (14 % vom Nettoeinkommen geteilt durch Anzahl der Tage eines Monats) bei einem Azubi-Gehalt von 850 € ist.
2. Dann plant ihr in der Gruppe ein gesundes, preisgünstiges Menü, das dieses Budget zulässt.
3. Ihr verteilt die anfallende Arbeit gerecht und erstellt gemeinsam einen Organisations- und Zeitplan, aus dem die Aufteilung der Rezepte und Arbeiten für jedes Gruppenmitglied hervorgeht.
4. Danach schreibt jedes Gruppenmitglied für sein Gericht einen Einkaufszettel.
5. Jedes Gruppenmitglied erkundet, wie viel diese Lebensmittel auf dem Einkaufszettel bei einem Discounter und in einem Supermarkt kosten, und vergleicht die Preise.
6. Anschließend kauft jeder seine Lebensmittel besonders günstig ein.
7. Jedes Gruppenmitglied erstellt eine Kostenkalkulation für sein Gericht mithilfe des Kassenzettels.
8. Ihr berechnet gemeinsam den Preis für das gesamte Menü und für eine einzelne Mahlzeit.
9. Am Praxistag stellt ihr in der Schulküche euer Menü her und serviert es an einem schön gedeckten Tisch.
10. Ihr präsentiert euren Mitschülern mithilfe eines Plakats die Kosten des Menüs und stellt Strategien vor, wie man mit einem geringen Gehalt ein gesundes Essen finanzieren kann.
11. Ihr reflektiert gemeinsam euer Projekt.

Jedes Gruppenmitglied erstellt eine Projektmappe mit folgendem Inhalt:

- Deckblatt und Inhaltsverzeichnis
- Gemeinsame Rezept- und Arbeitsplanung
- Kopie der Rezepte
- Menükarte für den schön gedeckten Tisch (freiwillige Zusatzaufgabe!)
- Preisvergleich Discounter – Supermarkt
- Kostenberechnung des Rezepts
- Kostenkalkulation des Menüs und einer einzelnen Mahlzeit
- Entwurf eines Plakats „Strategien, wie ich mit einem geringen Gehalt ein gesundes Menü finanziere"
- Reflexion des Projekts

Name: ____________

Gründe für eine Reklamation

Nutze als Verbraucher deine Rechte!

Aufgaben:

1. **Lies** den Text durch.
2. **Ergänze** die Grafik.

   Tipp: Trage nur Überbegriffe ein, z. B. mangelhafte Hygiene!

Gründe für eine Beanstandung von Lebensmitteln

- Ware entspricht nicht dem Normalzustand, z. B. Geruch, Geschmack
- Täuschung, z. B. falsche Herkunftsangabe, Überkleben des Mindesthaltbarkeitsdatums
- Ware ist verdorben, z. B. schimmeliges Brot, ranzige Butter
- Hygiene ist mangelhaft, z. B. Ungeziefer im Müsli
- Erkrankung nach Verzehr der Ware, z. B. Salmonellen
- Gewichtsangabe ist falsch, z. B. Untergewicht bei verpackter Ware, Verpackung wird bei der Wursttheke mitgewogen
- Falsche Information, z. B. bei der Kasse wird ein anderer Betrag angezeigt als im Regal
- Irreführende Werbung, z. B. Produkt soll das Immunsystem stärken

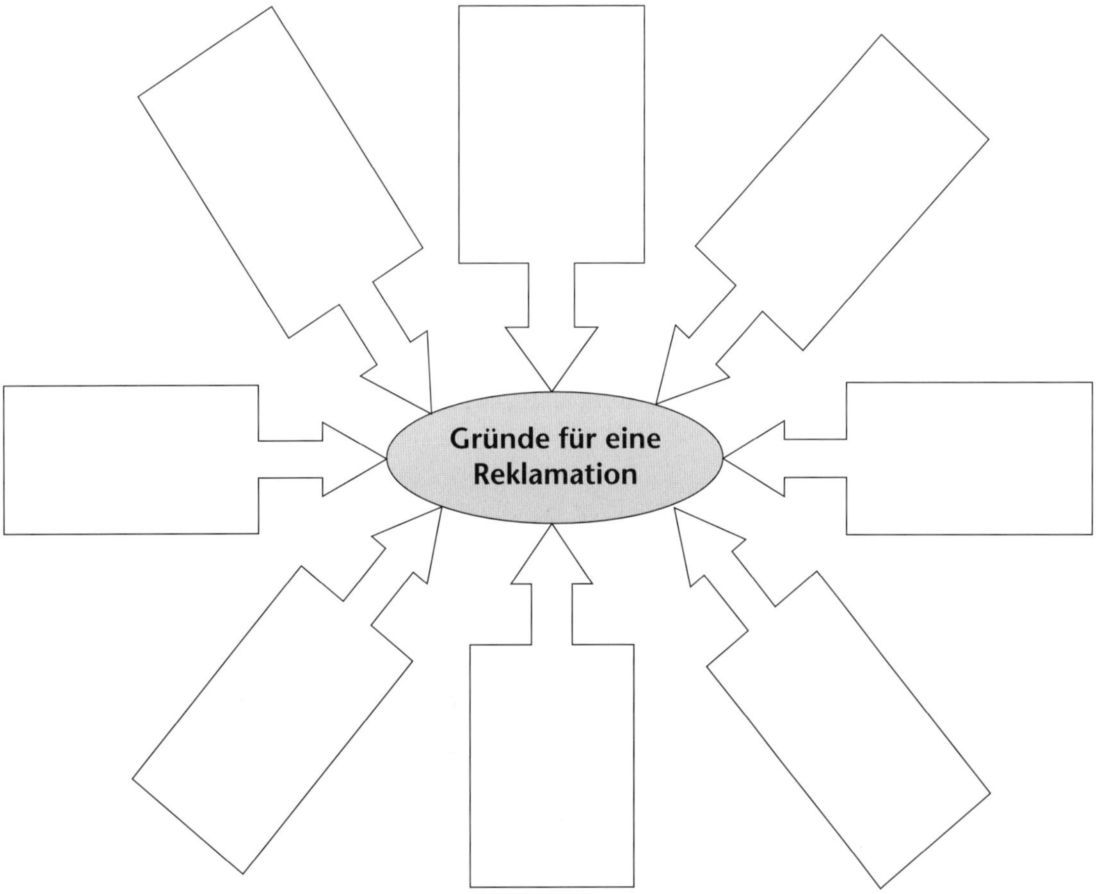

Station

Name: ____________________

Durchführung einer Reklamation

Nutze als Verbraucher deine Rechte!

Aufgaben:

1. **Lies** den Text durch.
2. **Ergänze** die Übersicht.

Durchführung einer Reklamation

- Den Kassenbeleg, die Rechnung oder den Garantieschein sollte man unbedingt aufbewahren.
- Mangelhafte Ware beim Verkäufer oder beim Händler sollte man reklamieren.
  Es besteht das Recht auf
  - Nacherfüllung, d. h. Reparatur oder Umtausch gegen einwandfreie Ware, oder
  - Rücktritt vom Kauf, d. h. Ware wird zurückgeben, Verbraucher hat Anspruch auf den Kaufpreis in bar, oder
  - Preisminderung, d. h. der Kunde behält die mangelhafte Ware und der Preis wird reduziert.
- Nimmt das Geschäft oder der Händler die Beanstandung nicht ernst, kann man sich an die behördliche Lebensmittelüberwachung wenden.

Anspruch auf Nacherfüllung ____________________

____

Recht auf Minderung des Kaufpreises ____________________

____

Rücktritt vom Kaufvertrag ____________________

____

Ohne ____________________

ist keine Reklamation möglich!

Lösung, S. 95

Station

Verbraucherschutz

Kenne als Verbraucher deine Rechte!

Aufgaben:

1. **Lies** die Frage- und Antwortkarten durch.
2. **Ordne** zu.

Fragekarten „Verbraucherschutz"

Hinweise:

- Kärtchen an der Schneidelinie schneiden (✂- - - -)
- Kärtchen laminieren

? **Umtausch**	Bei Nichtgefallen einer Ware räumen manche Verkäufer aus Kulanzgründen einen Umtausch innerhalb einer bestimmten Frist ein, z. B. zwei Wochen lang. Es besteht kein Anspruch darauf!
? **Nacherfüllung**	Bei mangelhafter Ware besteht ein Anspruch auf kostenlose Nacherfüllung, d. h. entweder durch eine Reparatur oder durch eine Ersatzlieferung.
? **Preisminderung**	Wird während der Gewährleistungsfrist ein Mangel entdeckt, kann der Käufer eine Herabsetzung des Preises (= Minderung) verlangen bzw. vom Kauf zurücktreten.
? **Rücktritt vom Kauf**	Wird während der Gewährleistungsfrist ein Mangel entdeckt und die Nacherfüllung kommt nicht zustande, kann der Käufer vom Kauf zurücktreten. Er muss die Ware zurückgeben und der Verkäufer muss ihm das Geld erstatten. Ein Gutschein muss nicht akzeptiert werden.
? **Garantie**	Freiwillige Garantien können vom Händler oder vom Hersteller eingeräumt werden und verlängern die gesetzlich vorgesehene Gewährleistungsfrist. In einer Garantieurkunde stehen Details, wie z. B. Dauer oder Einschränkungen der Garantieleistung.
? **Gewährleistungsfrist**	Es besteht ein gesetzlich geregelter Anspruch des Käufers gegenüber dem Verkäufer auf eine einwandfreie Ware. Diese Rechte stehen dem Käufer innerhalb von zwei Jahren nach Erhalt der Ware zu. Sollte der Verkäufer arglistig getäuscht haben, verlängert sich die Gewährleistungsfrist auf drei Jahre.

Nachhaltige Ernährung

Übersicht über die Stationen:

- **Station „Nachhaltigkeit"**
  Medien: Text, Arbeitsblatt
- **Station „Nachhaltige Ernährung"**
  Medien: Puzzleteile, Arbeitsblatt
- **Station „Regionale und saisonale Lebensmittel"**
  Medien: Text, Arbeitsblatt
- **Station „Fair gehandelte Lebensmittel"**
  Medien: Text, Arbeitsblatt
- **Station „Bewusste Ernährung"**
  Medien: Text, Arbeitsblatt
- **Station „Ökologischer Anbau"**
  Medien: Text, Arbeitsblatt
- **Station „Gering verarbeitete Lebensmittel"**
  Medien: Text, Arbeitsblatt
- **Station „Ökostrom"**
  Medien: Text, Arbeitsblatt
- **Station „Energieeffiziente Geräte"**
  Medien: Text, Arbeitsblatt
- **Station „Abfallvermeidung"**
  Medien: Text, Arbeitsblatt
- **Arbeitsblatt „Nachhaltige Ernährung"**
- **Projekt: „Nachhaltige Ernährung"**

Ⓚ Kompetenzen:

- Nachhaltige Ernährung als wichtige Voraussetzung für nachhaltiges Zusammenleben kennen und im täglichen Leben berücksichtigen.

Station

Nachhaltigkeit

Was bedeutet das eigentlich?

Aufgaben:

1. **Lies** die Definition Nachhaltigkeit durch.
2. **Ergänze** dein Arbeitsblatt (Aufgabe 1).

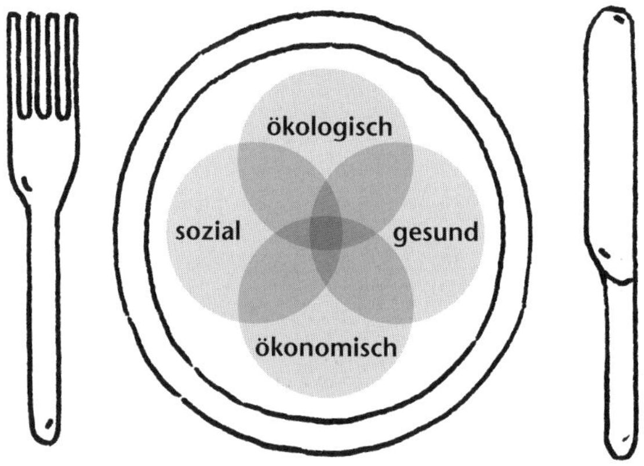

Nachhaltigkeit – was ist das eigentlich?

Der Begriff der Nachhaltigkeit kommt ursprünglich aus der Forstwirtschaft.
Heute wird dieses Wort sehr oft und in mehreren Bereichen verwendet.

Nachhaltigkeit meint ein ganzheitliches Konzept, in dem nur so viele Güter/Waren etc. verbraucht werden dürfen wie nachwachsen bzw. sich regenerien können.
Dies entspricht einem regenerativen Kreislauf, mit dem Ziel, Ressourcen zu schonen und sie für die kommenden Generationen zu bewahren.
Bei einer nachhaltigen Ernährung werden gesundheitliche, ökologische, ökonomische und soziale Gesichtspunkte berücksichtigt. Ziel ist der Erhalt der Erde für unsere Kinder.

Station

Nachhaltige Ernährung

Viele Bereiche im Einklang!

Spricht man von nachhaltiger Ernährung, so sind nicht nur die Lebensmittel und deren Zubereitung als alleiniger Bereich gemeint. Bei der nachhaltigen Ernährung spielen viele weitere Bereiche eine große Rolle, sodass die Summe alle Bereiche ein ganzes Konzept ergibt.

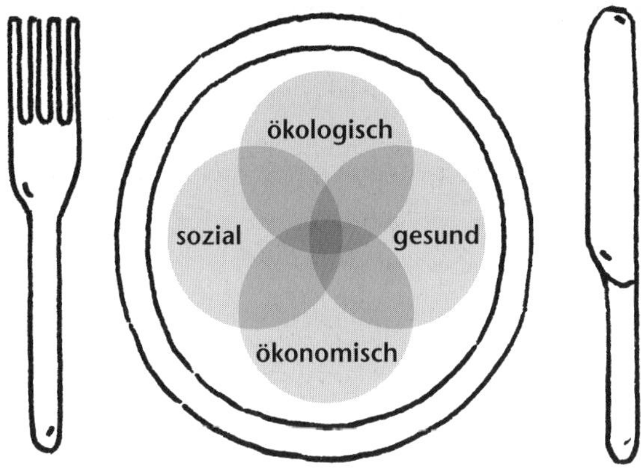

Aufgaben:

1. **Setze** das Puzzle zusammen.
2. **Überlege,** zu welchem der 4 Faktoren in der Grafik jedes Puzzleteil gehört.
3. **Trage** die einzelnen Bereiche der nachhaltigen Ernährung in dein Arbeitsblatt ein. (Aufgabe 2, Tabelle, linke Spalte)

Puzzle „Nachhaltige Ernährung" (✂– – – – = Schneidelinie):

Regionale und saisonale Lebensmittel	Fair gehandelte Lebensmittel	Bewusste Ernährung
Ökologischer Anbau	Nachhaltige Ernährung	Ökostrom
Gering verarbeitete Lebensmittel	Energieeffiziente Geräte	Abfall-vermeidung

Station

Regionale und saisonale Lebensmittel

Region und Jahreszeit im Mittelpunkt!

Aufgaben:

1. **Lies** den Text.
2. **Ergänze** auf deinem Arbeitsblatt eine Merkregel zu dem betreffenden Bereich der nachhaltigen Ernährung.

Regionale und saisonale Lebensmittel

Beim Einkauf von Lebensmitteln soll vor allem auf regionale und saisonale Waren zurückgegriffen werden.
Regionale Lebensmittel haben den Vorteil, dass sie vorwiegend aus der Region stammen bzw. in der Region hergestellt und vermarktet werden.
Durch die kurzen Transportwege verringert sich der Energieaufwand und eine Schädigung der Umwelt wird vermieden. Ebenfalls entstehen neue Arbeitsplätze durch die Herstellung und Vermarktung der Lebensmittel in der Region.
Beispiel: Regionale Milch- und Milchprodukte stammen von heimischen Kühen und werden in örtlichen Molkereien verarbeitet. Arbeitsplätze vor Ort bleiben erhalten und durch die kurzen Transportwege entsteht nur eine geringe Umweltbelastung.

Saisonales Obst und Gemüse kann ausreifen und wird entsprechend seiner „Saison" geerntet. Das heißt, dass es besonders schmackhaft und frisch ist und alle wertvollen Inhaltsstoffe enthält. Es entfallen somit hohe Lagerkosten sowie Energiekosten für die künstliche Reifung.

Beispiel: Saisonale Kirschen werden in Deutschland im Juni/Juli geerntet. Sie reifen am Baum, schmecken daher besser und enthalten mehr Vitamine und Mineralstoffe.

Station

Fair gehandelte Lebensmittel

Fair sein – auch im Bereich Lebensmittel!

Aufgabe:

1. **Lies** den Text.
2. **Ergänze** auf deinem Arbeitsblatt eine Merkregel zu dem betreffenden Bereich der nachhaltigen Ernährung.

Fair gehandelte Lebensmittel

Viele Lebensmittel, die nicht aus Deutschland kommen, werden aus fernen Ländern importiert. Oft sind in diesen Ländern die Arbeitsbedingungen und die Bezahlung der Arbeiter nicht so sicher und gerecht, wie wir es bei uns kennen.
Lebensmittel mit besonderer Kennzeichnung (Gütesiegel) stellen sicher, dass die Hersteller und Arbeiter gerecht bezahlt werden und bessere Arbeitsbedingungen (keine Kinderarbeit oder Ausbeutung, Gleichberechtigung der Frauen) haben.

Beispiel: Schokolade/Kaffee aus dem fairen Handel unterstützen wirtschaftlich schwächere Arbeiter und Hersteller und tragen zu einem gerechten Welthandel bei.

Station

Bewusste Ernährung

Mischkost – viel pflanzliche, weniger tierische Nahrung!

Aufgaben:

1. **Lies** den Text.
2. **Ergänze** auf deinem Arbeitsblatt eine Merkregel zu dem betreffenden Bereich der nachhaltigen Ernährung.

Bewusste Erährung

Nachhaltige Ernährung bedeutet auch, sich bewusst zu ernähren. Bewusst meint unter anderem den ausgewogenen Verzehr von pflanzlichen und tierischen Lebensmitteln. Esse daher mehr pflanzliche Lebensmittel und weniger Fleisch, Fisch und Wurstwaren.
Vor allem im Bereich der tierischen Lebensmittel soll der Konsum durchdacht sein. Bevorzuge deshalb Nahrungsmittel aus der Region, die von einheimischen Tieren und Erzeugern stammen.
„Weniger ist mehr" – achte daher mehr auf Qualität als auf Quantität.

Station

Ökologischer Anbau – biologische Lebensmittel

Im Einklang mit der Natur!

Aufgaben:

1. **Lies** den Text.
2. **Ergänze** auf deinem Arbeitsblatt eine Merkregel zu dem betreffenden Bereich der nachhaltigen Ernährung.

Ökologischer Anbau – biologische Lebensmittel

Nachhaltige Ernährung beinhaltet vor allem auch den Anbau der Pflanzen bzw. die Herstellung der Lebensmittel.
Ökologischer Landbau verzichtet auf gesundheitsschädliche Dünge- und Pflanzenschutzmittel, setzt keine Gentechnik ein, achtet auf eine artgerechte Tierhaltung und versucht so gut als möglich, im Einklang mit der Natur zu stehen.
Achte deshalb beim Kauf auf biologisch angebaute Nahrungsmittel, da diese frei von Pestiziden, Kunstdünger und anderen Zustatzstoffen sind. Sie enthalten dafür einen hohen Wert an eigenen wertvollen Inhaltsstoffen und bei Gemüse und Obst sekundäre Pflanzenstoffe.

Station

Gering verarbeitete Lebensmittel

Frisch und unverarbeitet!

Aufgaben:

1. **Lies** den Text.
2. **Ergänze** auf deinem Arbeitsblatt eine Merkregel zu dem betreffenden Bereich der nachhaltigen Ernährung.

Gering verarbeitete Lebensmittel

Lebensmittel enthalten von Natur aus viele wertvolle Inhaltsstoffe, die wir Menschen zum täglichen Leben benötigen.
Leider gehen viele dieser wichtigen Stoffe durch eine starke Verarbeitung, z. B. durch aufwendige Garverfahren und die Zugaben von Fett, Zucker, Salz oder anderen Zusatzmitteln verloren.
Convenienceprodukte nehmen im Handel immer mehr zu. Sie erleichtern zwar die Nahrungszubereitung, sind jedoch aufgrund ihrer starken Verarbeitung meist nicht mehr so gesund.

Achte bei der Auswahl der Lebensmittel auf qualitativ hochwertige, unverarbeitete, frische Produkte. Sie sind meist günstiger und können zu Hause frisch nach Bedarf zubereitet und verzehrt werden.

Station

Ökostrom

Ökoenergie aus der Steckdose!

Aufgaben:

1. **Lies** den Text.
2. **Ergänze** auf deinem Arbeitsblatt eine Merkregel zu dem betreffenden Bereich der nachhaltigen Ernährung.

Ökostrom

Nicht nur der Einkauf ist wichtig für eine nachhaltige Ernährung, sondern auch der Bereich Energie. Lebensmittel werden meist frisch verarbeitet, gegart, tiefgefroren, haltbar gemacht usw. Dazu wird stets Energie in Form von Strom benötigt.
Bei der Wahl des Stroms sollte man sich ebenfalls bewusst für erneuerbare Energien, wie z. B. Windkraft, Wasserkraft, Solar usw., entscheiden. Diese Energie produziert keine schädlichen Abfallprodukte, sondern erneuert sich stetig in einem Kreislauf.
Jedoch ist nicht nur die Art des Stroms von Bedeutung. Vor allem ist auch der sparsame Umgang mit Strom wichtig!

<u>Beispiele</u>: Nutze beim Kochen die Nachwärme der Herdplatte, wähle beim Backen von mehreren Blechen die Funktion Umluft usw.

Station

Energieeffiziente Geräte

Strom und Geld sparen

Aufgaben:

1. **Lies** den Text.
2. **Ergänze** auf deinem Arbeitsblatt eine Merkregel zu dem betreffenden Bereich der nachhaltigen Ernährung.

Energieeffiziente Geräte

Mit einem Lebensmitteleinkauf allein ist der Einkauf noch nicht abgeschlossen. Die Einkäufe müssen zu Hause erst richtig gelagert werden. Viele Lebensmittel brauchen eine kühle Lagerung im Kühlschrank oder Tiefkühlschrank.
Auch dieser Bereich spielt in der nachhaltigen Ernährung eine große Rolle. Alte oder auch defekte Geräte brauchen viel Strom und schaden somit der Umwelt.
Achte beim Kauf von neuen Elektrogeräten aller Art besonders auch auf die Effizienzklassen. Diese geben Auskunft über die Nutzung der Energie und sind in Buchstaben von A–D unterteilt. A+++ gibt z. B. bei Kühl- und Gefriergeräten eine sehr gute Ausnutzung der Energie an.

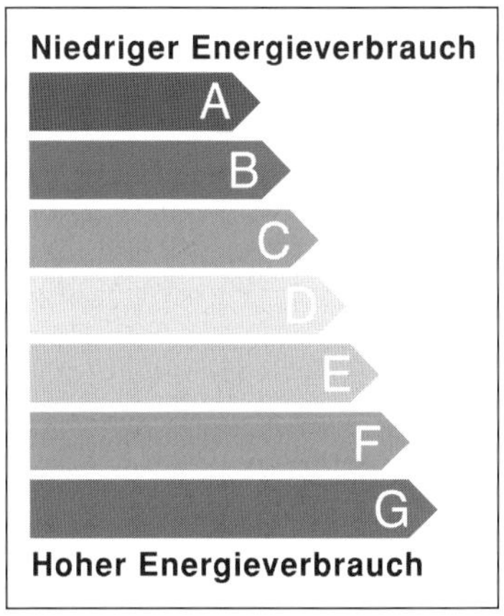

Station

Abfallvermeidung

Überlegtes Handeln vermeidet Abfall!

Aufgaben:

1. **Lies** den Text
2. **Ergänze** auf deinem Arbeitsblatt eine Merkregel zu dem betreffenden Bereich der nachhaltigen Ernährung.

Abfallvermeidung

„Jedes achte Lebensmittel kommt in die Tonne", so das Ergebnis einer Studie der Uni Stuttgart (2012). Dieses erschreckende Ergebnis sollte die Verbraucher zum Nachdenken anregen. Schon beim Einkauf geht's los:

- Gehe stets mit Einkaufszettel zum Einkaufen, so vermeidest du zu viele, unnötige Lebensmittel!
- Achte auf die Verpackung der Lebensmittel!
- Lagere zu Hause deine Einkäufe sachgerecht, so wird eine längere Haltbarkeit erzielt.
- Ist ein Lebensmittel zu Hause nach dem Mindesthaltbarkeitsdatum abgelaufen, so prüfe dieses sensorisch (durch Sehen, Riechen, Schmecken). Dieses Datum gibt nämlich nur an, wie lange es **mindestens** haltbar ist. Viele sind darüber hinaus haltbar und können ohne gesundheitliche Bedenken verzehrt werden.
- Lebensmittelreste können ebenfalls kreativ zubereitet und gegessen werden.

Arbeitsblatt

Name: ____________

Nachhaltige Ernährung

Wir erhalten die Erde für kommende Generationen!

1. Definition:

= ________________________________

____

____

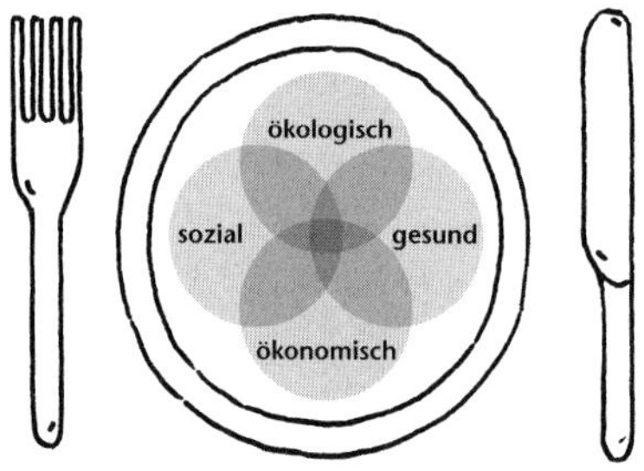

2. Konzept der nachhaltigen Ernährung:

Bei der nachhaltigen Ernährung spielen viele Bereiche eine große Rolle, sodass die **Summe alle Bereiche** ein **ganzes Konzept** ergibt.

Bereich	Merkpunkt

Projekt

Nachhaltige Ernährung

Ein Menü im Einklang mit der Natur und der Welt!

Der Begriff „nachhaltige Ernährung" ist zurzeit in aller Munde. Dies ist für euch als junge Menschen auch von großer Bedeutung und ihr möchtet eure Klassenkameraden davon überzeugen. Ihr ladet Schulfreunde zu einem Abendessen ein und bereitet ein nachhaltiges Menü zu. Anschließend macht ihr Werbung für die nachhaltige Ernährung.

Das müsst ihr tun:

1. Zuerst besprecht ihr in der Gruppe die hier gestellte Aufgabe.
2. Als Nächstes überlegt jeder einen eigenen Menüvorschlag.
3. Dann besprecht und vergleicht ihr eure Menüvorschläge und einigt euch in der Gruppe auf ein gemeinsames Menü.
   Hinweis: Jeder von euch muss zwei Gerichte zubereiten!
4. Danach schreibt ihr gemeinsam einen Aufgabenverteilungsplan für die Gruppe.
5. Weiter erstellt jeder Einzelne für seine Gerichte einen Einkaufszettel und Organisationsplan.
6. Jeder entwirft eine Menükarte für das Menü.
   Wählt danach eine gemeinsame Menükarte aus.
7. Am Praxistag übernimmt jedes Gruppenmitglied die Zubereitung und erledigt seine sonstigen Aufgaben.
   Die Tischdekoration sollte ebenfalls entsprechend dem Anlass angepasst sein.
8. Bei der Präsentation (nach dem Abendessen) solltet ihr eure Klassenkameraden von der nachhaltigen Ernährung überzeugen und auch dafür werben. Ihr müsst rechtzeitig folgende Sachverhalte recherchieren:
   a) Bedeutung der Werbung für Verbraucher
   b) Bedeutung der Werbung für Hersteller
   c) Werbestrategien
9. Zusätzlich erstellt jeder von euch ein Plakat zur nachhaltigen Ernährung, um eure Klassenkameraden zu überzeugen.
10. Reflektiert gemeinsam euer Projekt.

Jedes Gruppenmitglied erstellt eine Projektmappe mit folgendem Inhalt:

- Deckblatt und Inhaltsverzeichnis
- Eigener und gemeinsamer Menüvorschlag
- Einkaufszettel/gemeinsamer Einkaufszettel
- Menükarte
- Rezepte und Fotos der Gerichte
- Präsentationsunterlagen, z. B. Plakat „Nachhaltige Ernährung", Informationen, Referat, …
- Reflexion des Projekts

Besondere Kostformen

Übersicht über die Stationen:

- **Station „Kostformen"**
  Medien: Klammerkarten Kostformen
- **Station „Vegetarische Ernährung"**
- **Station „Vollkost – Schonkost – Vollwertkost"**
- **Station „Diäten bei Krankheiten"**
- **Station „Diäten zur Gewichtsreduktion"**
- **Rezeptblatt „Kostformen"**
  Rezepte: Gemüsecouscous mit Joghurtsoße, Dattelcreme
- **Rezeptblatt „Kostformen"**
  Rezepte: Scharfer Karottensalat, Brokkoli-Kräuter-Suppe
- **Projekt „Herstellen eines Menüs nach den Empfehlungen einer bestimmten Kostform"**

Ⓚ Kompetenzen:

- Verschiedene Kostformen kennen und bei der Auswahl der Rezepte nutzen.
- Verschiedene Diäten zur Gewichtsreduktion kennen, beurteilen und bei der Speisenauswahl nutzen.

Station

Kostformen

Überprüfe dein Wissen!

Aufgaben:

1. **Befestige** die Klammer bei der richtigen Antwort.
2. **Überprüfe** dich selbst auf der Rückseite.

Klammerkarten Kostformen

Methodische Hinweise:

- Klammerkarten evtl. vergrößert kopieren, ausschneiden
- Lösungsstreifen nach hinten klappen und festkleben
- Karten laminieren

Vegetarier

Welcher Vegetarier isst keinen Honig und verzichtet auf Leder?	Veganer	✓
	Ovo-Lakto-Vegetarier	
	Lakto-Vegetarier	

Vegetarier

Welcher Vegetarier isst Eier und Milchprodukte?	Veganer	
	Ovo-Lakto-Vegetarier	✓
	Lakto-Vegetarier	

Vegetarier

Vegetarier können von folgenden Nährstoffen eine Unter-versorgung haben:	Kohlenhydrate und Fett	
	Eiweiß, Vitamine und Mineralstoffe	✓
	Ballaststoffe, Vitamine und Mineralstoffe	

Vollwertkost

Auf welche Produkte verzichtet man bei Vollwertkost?	• Weißes Mehl • Produkte aus konventionellem Anbau	✓
	• Biologische Produkte • Rohkost	
	• Fleisch und Wurst • Fisch • Milchprodukte	

Schonkost

Auf welche Produkte verzichtet man bei Schonkost?	• Weißes Mehl • Produkte aus konventionellem Anbau	
	• Fleisch, Fisch • Eier • Milchprodukte	
	• Blähendes Gemüse • Scharfe Gewürze • Fett- und zuckerreiche Speisen	✓

Schonkost

Welche Garverfah-ren sind bei Schonkost geeignet?	• Kochen • Dünsten • Dämpfen	✓
	• Braten • Backen • Frittieren	
	• Dünsten • Schmoren • Braten	

Diät

Auf welche Produkte verzichtet man bei Gicht?	Milch und Milchprodukte	
	Alkohol und Fleisch	✓
	Eier	

Diät

Welche Rezepte sind für eine kalorien-reduzierte Mischkost geeignet?	Putenschnitzel in Tomaten-Gemüsesoße mit Salzkartoffeln	✓
	Schweineschnitzel in Sahnesoße mit Kroket-ten	
	Wiener Schnitzel mit Pommes	

Station

Vegetarische Ernährung

Es geht auch ohne Fleisch!

Aufgaben:

1. **Lies** die Mindmap.
2. **Beantworte** die Fragen.

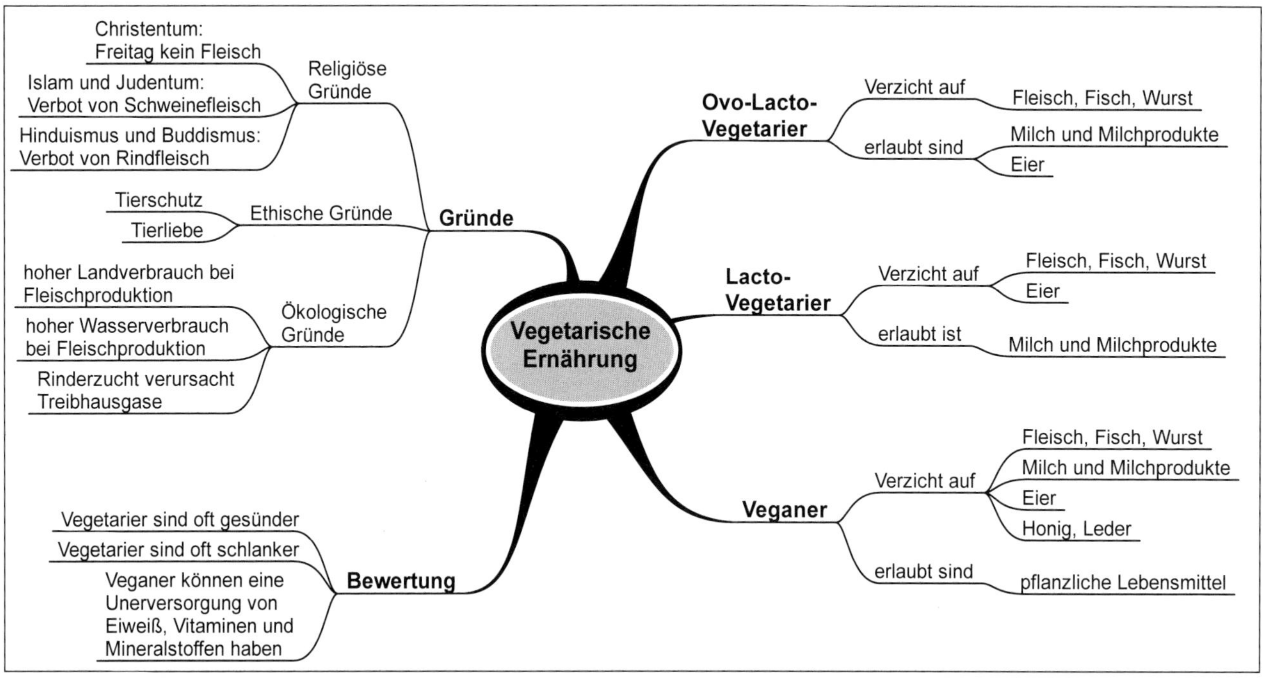

a) Welche Gründe könnten für dich eine Rolle spielen, um Vegetarier zu werden?

____

b) Ist eine vegetarische Ernährung gesund?

____

____

c) Suche in deiner Kochmappe bzw. in Kochbüchern nach Rezepten für die unterschiedlichen vegetarischen Ernährungsformen:

Ovo-Lacto-Vegetarier:

____

____

____

____

____

Lacto-Vegetarier:

____

____

____

Veganer:

____

Lösung, S. 95

Station

Vollkost – Schonkost – Vollwertkost

Was sind die Unterschiede?

Aufgaben:

1. **Lies** die Mindmap.
2. **Beantworte** die Fragen.

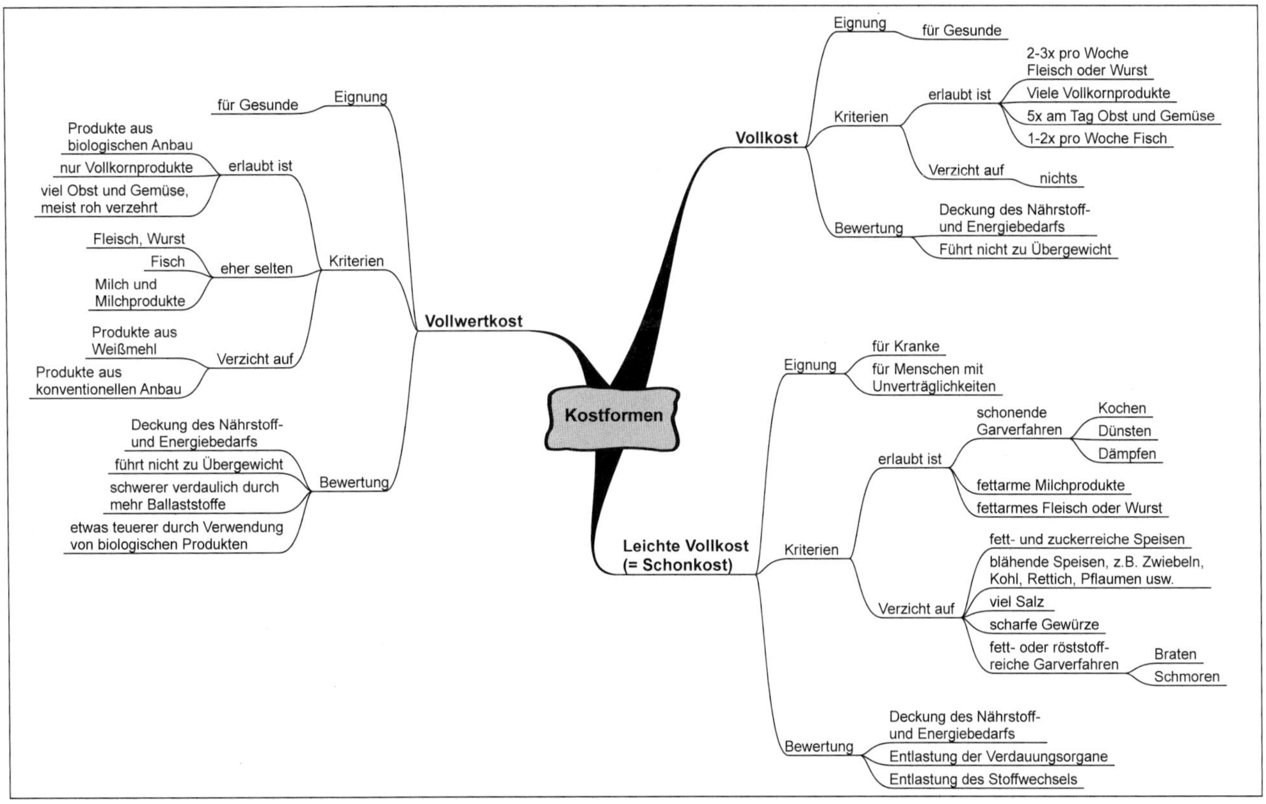

a) Welche Kostform wählst du bei einer leichten Magenverstimmung?

____

b) Welche Kostform verwendet nur Produkte aus biologischem Anbau?

____

c) Bei welcher Kostform verzichtest du auf fett- und zuckerreiche Lebensmittel?

____

d) Bei welcher Kostform darfst du alles essen?

____

e) Bei welcher Kostform sind keine scharfen Gewürze erlaubt?

____

f) Bei welcher Kostform isst du am wenigsten Fleisch?

____

g) Welche Garverfahren sind bei der leichten Vollkost geeignet?

____

h) Bei welcher Kostform verzichtest du auf Produkte aus Weißmehl?

____

Lösung, S. 96

Station

Diäten bei Krankheiten

Essen kann Krankheiten vorbeugen oder behandeln!

Aufgaben:

1. **Lies** die Mindmap.
2. **Beantworte** die Fragen.

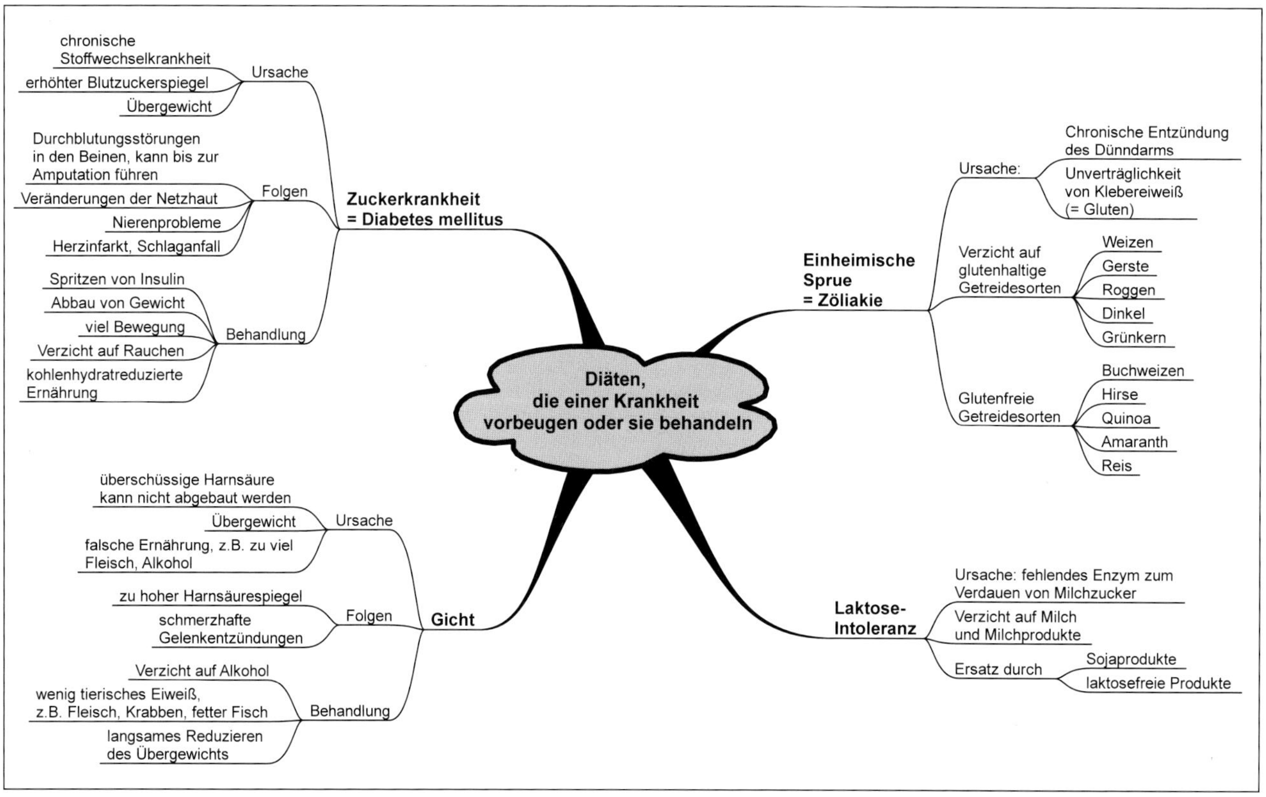

a) Für welche Krankheiten ist Übergewicht mitverursachend?

____

b) Bei welcher Krankheit solltest du auf Fleisch und Alkohol verzichten?

____

c) In welchen Lebensmitteln ist Laktose enthalten?

____

____

d) Welche Lebensmittel enthalten Gluten?

____

e) Welche Getreidesorten kann man bei Zöliakie zu sich nehmen?

____

____

f) Welcher Nährstoff sollte bei Diabetes in der Ernährung reduziert werden?

____

Lösung, S. 96

Station

Diäten zur Gewichtsreduktion

Abnehmen ist wirklich schwer!

Aufgabe:

1. **Lies** die Mindmap.
2. **Beantworte** die Fragen.

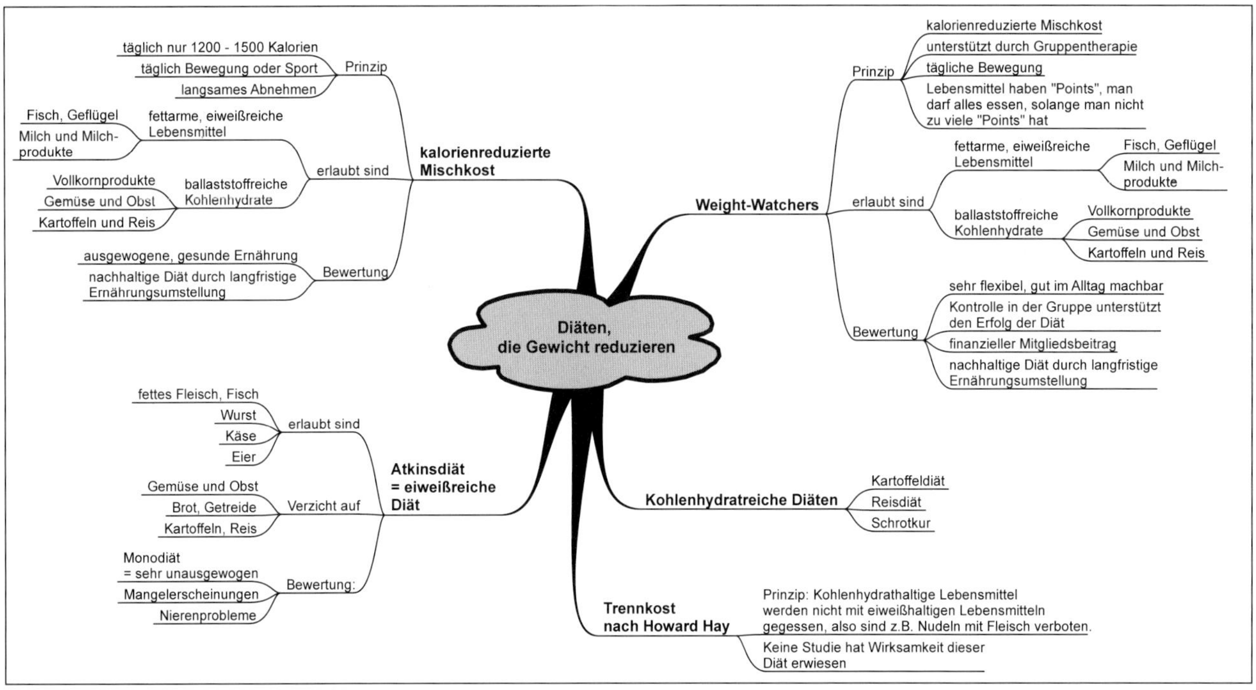

a) Welche Lebensmittel sind bei der kalorienreduzierten Mischkost besonders geeignet? Nenne 6 Lebensmittel!

____

____

b) Was macht Weight-Watchers so besonders erfolgreich?

____

____

c) Welcher Nährstoff ist bei der Atkinsdiät besonders wichtig?

____

d) An welchem Nährstoff ist die Kartoffeldiät sehr reich?

____

e) Welche Diät verspricht einen nachhaltigen Erfolg beim Abnehmen?

____

____

f) Was kann neben der Ernährung eine Gewichtsreduzierung unterstützen?

____

____

Lösung, S. 96

Rezeptblatt

Kostformen

Rezepte, die für verschiedene Diäten geeignet sind!

✗ Kreuze an, für welche Kostformen die Rezepte geeignet sind!

Gemüsecouscous mit Joghurtsoße

Menge	Zutaten	Zubereitung
250 g 750 ml 1 TL	Couscous Wasser Gekörnte Brühe	1. Couscous mit kochendem Wasser übergießen **Quellzeit:** 15 Min.
1 1 1 4 Je ½ Bd. 1 EL ½ TL 1 Pr. 1 TL	Zwiebel Zucchini Aubergine Tomaten Petersilie, Minze Öl Zitronenschale Salz, Pfeffer Ajvar	2. Zwiebel in feine Würfel schneiden 3. Zucchini und Aubergine in 1 cm dicke Scheiben schneiden 4. Tomaten in kleine Würfel schneiden 5. Petersilie und Minze fein hacken 6. Öl erhitzen, Gemüse andünsten 7. Couscous unterrühren 8. Mit Gewürzen, Kräutern, Ajvar und Zitronenschale abschmecken. **Garzeit:** 5 Min.
1 EL 1 Pr. 1 Pr. 1 EL	Joghurt Salz, Pfeffer Cayennepfeffer Ajvar	9. Joghurt mit Gewürzen und Ajvar mischen 10. Couscous anrichten

☐ Ovo-Lacto-vegetabile Kost ☐ Vegane Kost ☐ Vollwertkost

☐ Kalorienreduzierte Mischkost ☐ Zöliakie ☐ Schonkost

Arabische Dattelcreme

Menge	Zutaten	Zubereitung
250 g 250 ml 500 g 1 EL etwas 1 P. 2 EL	Datteln Wasser Dickmilch Honig Zimt Vanillezucker Kokosraspeln	1. Datteln mit Wasser aufkochen lassen, 10 Min. quellen lassen 2. Datteln pürieren 3. Dickmilch, Honig, Zimt, Vanillezucker und Kokosraspeln unterrühren und noch einmal pürieren 4. In Gläser füllen, mit Kokosraspeln garnieren und kalt stellen

☐ Ovo-Lacto-vegetabile Kost ☐ Vegane Kost ☐ Vollwertkost

☐ Kalorienreduzierte Mischkost ☐ Zöliakie ☐ Schonkost

Rezeptblatt

Kostformen

Rezepte, die für verschiedene Diäten geeignet sind!

✘ Kreuze an, für welche Kostformen die Rezepte geeignet sind!

Scharfer Karottensalat

Menge	Zutaten	Zubereitung
4–6	Karotten	1. Karotten schälen und in dünne Scheiben hobeln
1	Zwiebel	2. Zwiebel und Knoblauch in feine Würfel schneiden
1 Zehe	Knoblauch	3. Öl erhitzen, Zwiebeln andünsten, dann Knoblauch und Karotten zugeben, kurz anbraten
1 EL	Öl	
3	Zitronen	4. Wasser und Zitronensaft aufgießen und dünsten lassen **Garzeit:** 10 Min.
100 ml	Wasser	
	Marinade:	
1	Chilischote	5. Chilischote in feine Würfel schneiden
½ Bd.	Basilikum	6. Kräuter hacken
½ Bd.	Petersilie	7. Zitronensaft auspressen
1	Zitrone	
3 EL	Öl	8. Alle Zutaten der Marinade mischen
1 TL	Paprikapulver	9. Salat durchziehen lassen **Zeit:** 1–2 Stunden
¼ TL	Salz	
1 Pr.	Pfeffer	
1 Pr.	Zucker	10. Salat kann als Vorspeise auf Blattsalat angerichtet werden und mit Weißbrot serviert werden

☐ Ovo-Lacto-vegetabile Kost ☐ Vegane Kost ☐ Vollwertkost

☐ Kalorienreduzierte Mischkost ☐ Zöliakie ☐ Schonkost

Brokkoli-Kräuter-Suppe

Menge	Zutaten	Zubereitung
1 Zehe	Knoblauch	1. Knoblauch in feine Würfel schneiden
½ Bd.	Frühlingszwiebeln	2. Frühlingszwiebeln in feine Ringe schneiden
600 g	Brokkoli	3. Brokkoli putzen und in Röschen teilen
½ Bd.	Basilikum	4. Basilikum waschen und zupfen
1 EL	Öl	5. Öl erhitzen, Frühlingszwiebeln andünsten
		6. Gemüse und Basilikum zugeben, kurz andünsten
¾ l	Brühe	7. Brühe aufgießen, Suppe leise köcheln lassen
½ B.	Sahne	**Garzeit:** 20 Min.
1 Pr.	Salz, Pfeffer	8. Suppe pürieren
		9. Sahne und Gewürze zugeben, abschmecken
½ Bd.	Schnittlauch	10. Suppe anrichten, mit Schnittlauch garnieren

☐ Ovo-Lacto-vegetabile Kost ☐ Vegane Kost ☐ Vollwertkost

☐ Kalorienreduzierte Mischkost ☐ Zöliakie ☐ Schonkost

Projekt

Herstellen eines Menüs nach den Empfehlungen einer bestimmten Kostform

Ihr stellt ein Mittagessen für 6 Personen her, das den Empfehlungen für eine bestimmte Kostform entspricht. Nach dem Essen informiert ihr eure Gäste über die gewählte Kostform und begründet die Wahl eures Menüs.

Das müsst ihr tun:

1. Zuerst entscheidet ihr euch in der Gruppe für eine bestimmte Kostform, z.B. Vollwertkost, Schonkost, vegetarische Kostformen, Diäten zur Vorbeugung von Krankheiten oder zur Gewichtsreduktion.
2. Dann plant ihr in der Gruppe ein Mittagsmenü für 6 Personen, das geeignet ist für diese Kostform.
3. Als Nächstes verteilt ihr in der Gruppe die anfallende Arbeit gerecht und erstellt gemeinsam einen Organisations- und Zeitplan, aus dem die Aufteilung der Rezepte und Arbeiten für jedes Gruppenmitglied hervorgeht. Jedes Gruppenmitglied stellt 1–2 Rezepte her.
4. Danach schreibt jedes Gruppenmitglied für sein Rezept einen Einkaufszettel.
5. In der Gruppe informiert ihr euch intensiver über die gewählte Kostform und erstellt eine Ideensammlung für die „Information über die Kostform".
6. Ihr einigt euch in der Gruppe auf die Art der Präsentation, z.B. Plakat, Flyer, PowerPoint-Präsentation, und erarbeitet die Präsentationsmaterialien zu der Kostform gemeinsam.
7. Jedes Gruppenmitglied bewertet seine eigenen Rezepte nach den Kriterien der Kostform und begründet die Wahl des Rezeptes.
8. Rechtzeitig vor der praktischen Durchführung kauft jeder seine Lebensmittel ein.
9. Ihr stellt in der Schulküche euer Menü her und serviert es an einem schön gedeckten Tisch.
10. Ihr informiert eure Gäste über die gewählte Kostform und begründet die Wahl eures Menüs. Dafür habt Ihr gemeinsam 20 Min. Zeit.
11. Ihr reflektiert gemeinsam euer Projekt.

Jedes Gruppenmitglied erstellt eine Projektmappe mit folgendem Inhalt:

- Deckblatt und Inhaltsverzeichnis
- Gemeinsame Rezept- und Arbeitsplanung
- Eigene Rezepte mit Bewertung und Begründung der Wahl
- Einkaufszettel
- Evtl. gemeinsame Ideensammlung zum Thema Kostform
- Präsentationsmaterialien zum Thema Kostform, z.B. Plakat, PowerPoint-Präsentation, Referat, Flyer usw.
- Reflexion des Projekts

Übersicht über die Stationen:

- **Station „Der Body-Mass-Index (BMI)"**
  Medien: Taschenrechner
- **Station „Übergewicht"**
- **Station „Regeln für eine gesunde Ernährung"**
  Medien: Legefeld und laminierte Legesteine
- **Arbeitsblatt „Der gesunde Tagesplan"**
  Medien: Station „Regeln für eine gesunde Ernährung" mit Legefeld und Legesteinen
- **Station „Bewertung eines Rezepts"**
- **Station „Bulimie (Ess-Brech-Sucht)"**
- **Station „Magersucht (Anorexia nervosa)"**
- **Station „Test: Überprüfe dein Essverhalten"**
- **Projekt „Gesunde Menüplanung mithilfe der Ernährungspyramide"**

Ⓚ Kompetenzen:

- Die Ernährungspyramide kennen und beim Erstellen eines gesunden Tagesplans nutzen.
- Ernährungsprobleme kennen und beim Reflektieren des eigenen Essverhaltens nutzen.

Station

Der Body-Mass-Index (BMI)

Wo liege ich mit meinem Gewicht?

Aufgaben:

1. **Berechne** deinen Body-Mass-Index (BMI).
2. **Überprüfe**, ob du normalgewichtig bist.

Der Body-Mass-Index (BMI) ist eine Maßzahl für die Bewertung des Körpergewichts eines Menschen. Er kann aber nur ein grober Richtwert sein, da er weder das Geschlecht noch die Zusammensetzung der Körpermasse aus Fett- und Muskelgewebe berücksichtigt. Für Jugendliche gelten andere Werte als für Erwachsene, für Mädchen andere Werte als für Jungen. Je älter man wird, desto höher darf der BMI sein.

Formel: $\textbf{BMI} = \frac{\text{Körpergewicht [kg]}}{\text{Körpergröße [m]}^2}$

Mein BMI : ____________________ = ______________

Alter	Normales Gewicht
16–18 Jahre	BMI 17–22
19–24 Jahre	BMI 19–24
25–34 Jahre	BMI 20–25
35–44 Jahre	BMI 21–26
45–54 Jahre	BMI 22–27
55–64 Jahre	BMI 23–28
ab 64 Jahren	BMI 24–29

Station

Übergewicht

Ursachen und Folgen

Aufgabe:

1. **Lies** den Text.
2. **Ergänze** in der Grafik die Ursachen und Folgen von Übergewicht.

Von Übergewicht spricht man bei einem zu hohen Körpergewicht im Verhältnis zur Körpergröße bzw. bei einem Body-Mass-Index ab 25. Mehr als die Hälfte der Deutschen sind übergewichtig und ca. 20 % sind adipös (= fettleibig, ab einem BMI von 29).

Eine Ernährung, die zu süß, zu fett und zu viel ist sowie Bewegungsmangel durch Zunahme von Computerspielen, Fernsehen und Schreibtischarbeit führt zu der starken Zunahme von Übergewicht in Industrieländern. Darüber hinaus können auch genetische Faktoren, eine Essstörung oder andere Krankheiten eine Rolle spielen.

Übergewicht lässt den Blutdruck steigen. Es verschlechtert die Blutfette und den Blutzuckerspiegel. Dies kann zu Altersdiabetes bereits im Jugendalter, zu Wirbelsäulenproblemen und Gelenkverschleiß führen und die Gefahr für Herz-Kreislauferkrankungen erhöhen. Aber vor allem die Seele leidet durch Hänseleien und Mobbing. Dies kann zu einem geringen Selbstwertgefühl, Depressionen und auch Essstörungen wie Bulimie oder Magersucht führen. Häufig ist aber auch eine Essstörung (Esssucht/Überessen/Binge Eating) der Grund für Übergewicht.

Das Abnehmen gelingt nicht durch kurzfristige Diäten. Bei einer zu schnellen Gewichtsabnahme tritt der Jo-Jo-Effekt ein. Nach dem Ende der Diät wird alles wieder zugenommen, und manchmal sogar noch ein bisschen mehr. Langfristig erfolgreich ist nur eine Änderung des Lebensstils und der Ernährung. Viel Sport und Bewegung, viel Obst und Gemüse und viele ballaststoffreiche Lebensmittel helfen, das Gewicht langfristig auf einem gesunden Stand zu stabilisieren. Bei einer Esssucht sollte auch fachkundlicher Rat eingeholt werden, eine Therapie und/oder eine Selbsthilfegruppe, wie z. B. Overeaters Anonymous, können helfen.

Ursachen: **Folgen:**

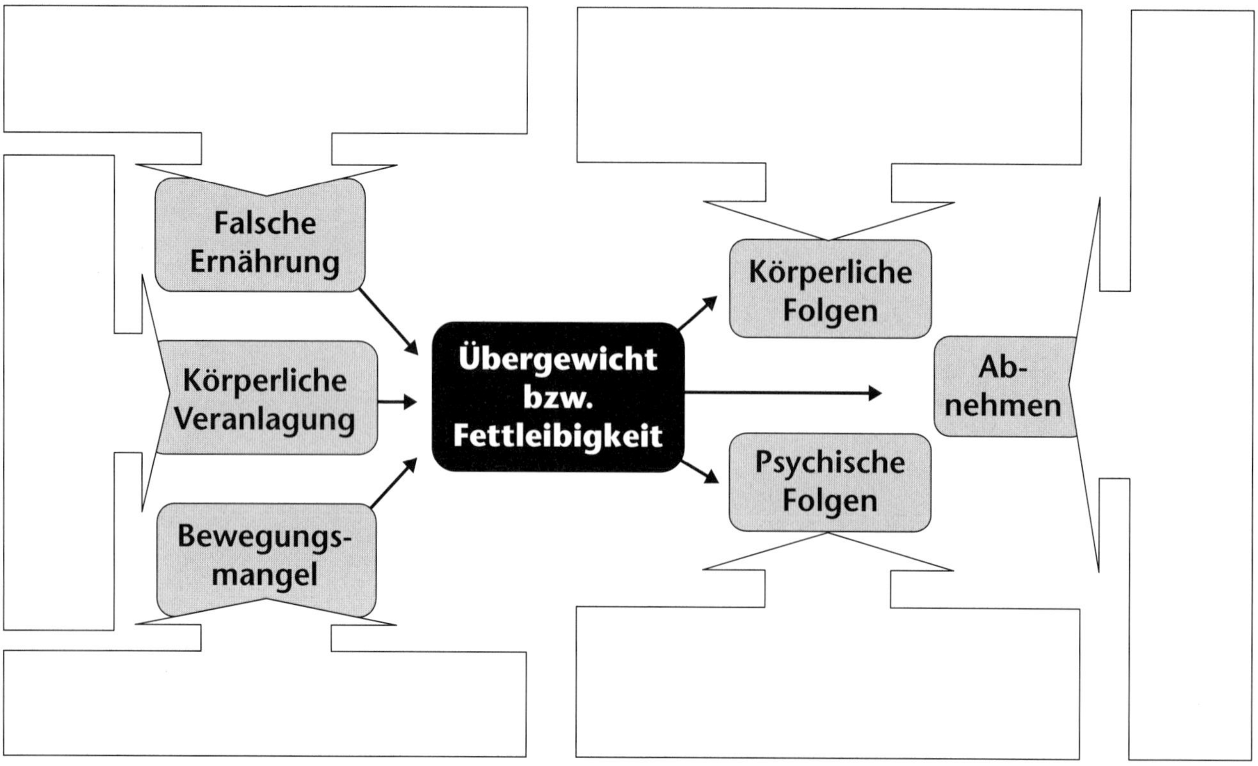

Station

Regeln für eine gesunde Ernährung

So erhalte ich mein Normalgewicht!

Aufgaben:

1. **Ordne** auf dem Legefeld zu jedem Baustein der Ernährungspyramide den Tagesbedarf und die zutreffende Regel **zu.**
2. **Ergänze** das Arbeitsblatt „Der gesunde Tagesplan".

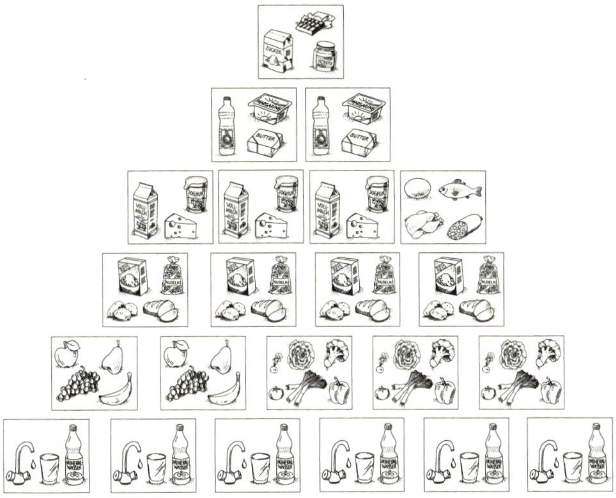

Legefeld

Gesunde Ernährung mit der Ernährungspyramide		
Baustein	**Tagesbedarf**	**Regel**

Legesteine für die Station „Regeln für eine gesunde Ernährung"

Hinweis: Legesteine schneiden und in einem Umschlag oder Behälter aufbewahren.

1–2 EL Süßes		Zucker liefert sehr viele Kalorien! Iss Süßes, z. B. Süßigkeiten, Kuchen, Pudding oder Eis, nur in Maßen!
1–2 EL Fett	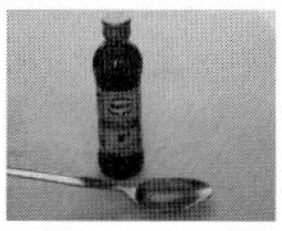	Fett liefert sehr viele Kalorien! Butter, Sahne, Schmalz etc. nur in Maßen essen! Fettreiche Garmachungsarten, wie z. B. Frittieren, Braten, selten verwenden!
3 Gläser Milch oder Milch-produkte		Bevorzuge magere Milchprodukte, z. B. fettarme Milch, mageren Käse, mageren Joghurt!
Pro Woche: 2–3 Eier, 2–3 x Fisch, 2–3 x Fleisch		Bevorzuge mageres Fleisch, z. B. Hähnchenbrust und magere Wurst (z. B. Schinken)!
4 x Brot, Reis, Kartoffeln oder Nudeln	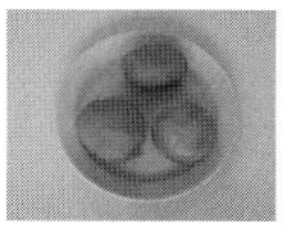	Bevorzuge Vollkornprodukte, denn sie enthalten mehr Ballast- und Mineralstoffe und machen länger satt!
1–2 x Obst	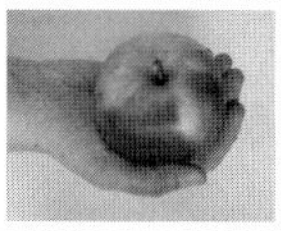	Obst ist sehr gesund, liefert viele Vitamine und Mineralstoffe und wenig Energie. Es enthält Ballaststoffe und macht länger satt.
3–4 x Gemüse		Gemüse ist sehr gesund und liefert viele Vitamine und Mineralstoffe, aber wenig Energie. Es enthält viele Ballaststoffe und macht länger satt.
6–7 Gläser Flüssigkeit		Trinke viel Wasser, ungesüßte Tees oder Obstschorle. Trinke zuckerhaltige Getränke, wie z. B. Eistee, Cola, Limonade, nur in Maßen!
½ Stunde Bewegung täglich 2–3 x Sport in der Woche		Gehe lieber zu Fuß oder fahre mit dem Fahrrad zur Schule! Benutze die Treppen statt den Lift! Suche eine Sportart, die dir Spaß macht, und übe sie regelmäßig aus!

Arbeitsblatt

Der gesunde Tagesplan

Die Ernährungspyramide hilft bei der Planung!

Aufgaben:

1. **Bearbeite** die Station „Regeln für eine gesunde Ernährung“.
2. **Ergänze** den täglichen oder wöchentlichen Bedarf jeder Lebensmittelgruppe.
3. **Erstelle einen Tagesplan,** der den Empfehlungen der Ernährungspyramide entspricht.

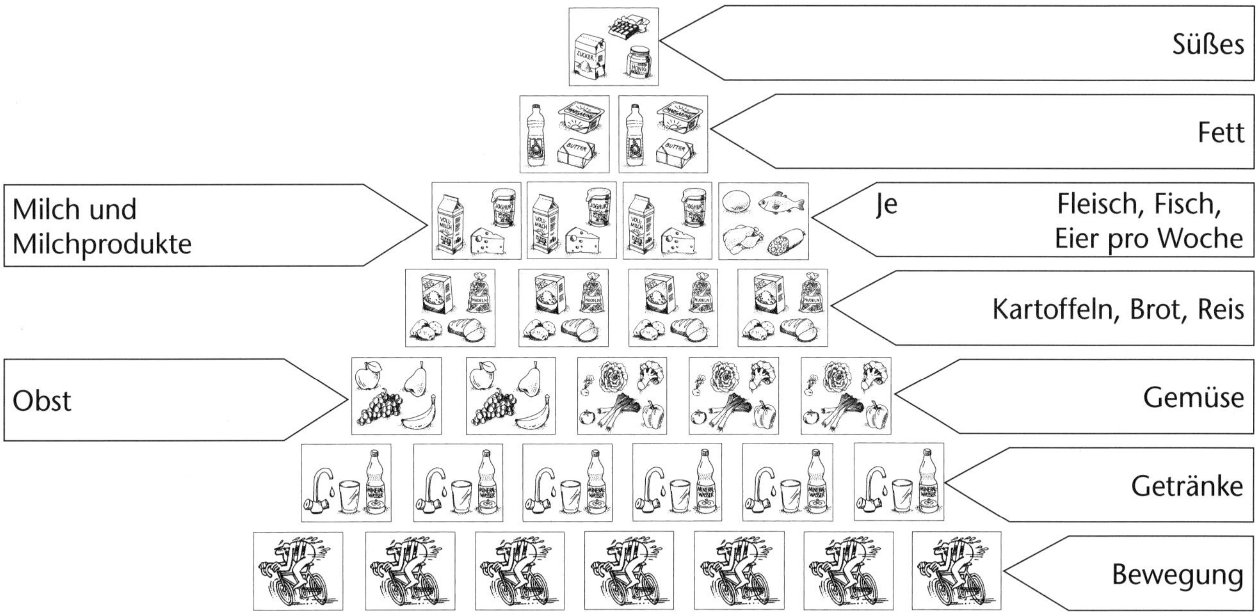

Tagesplan

Mahlzeit	Menüplanung	Bewegung
Frühstück		
Pause		
Mittagessen		
Pause		
Abendessen		

Station

Bewertung eines Rezepts

Die Ernährungspyramide hilft dabei!

Aufgaben:

1. **Kreuze** die Portionen **an**, die in dem Rezept für eine Person enthalten sind. Bedenke, dass Rezepte für 4 Personen sind!
2. **Bewerte** das Rezept anhand der Ernährungspyramide. Kreuze an! Welche Smiley-Seite überwiegt?

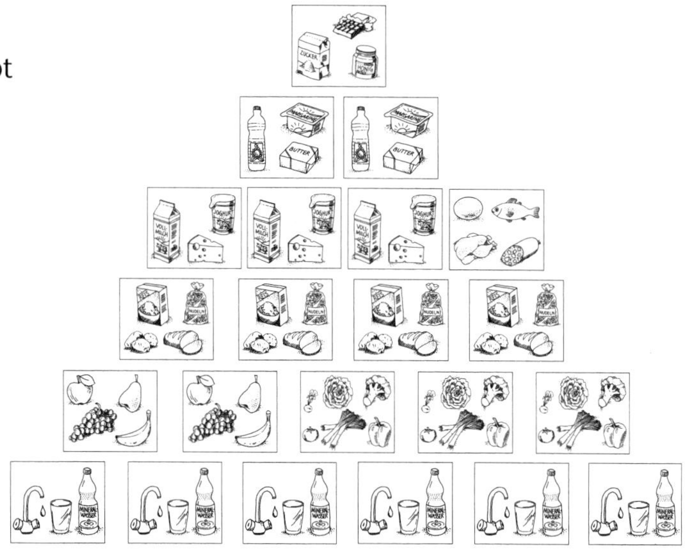

Baustein	☹ Bewertung	☺
	☐ enthält viel Zucker ☐ enthält weißen raffinierten Zucker	☐ enthält wenig Zucker ☐ enthält natürliche Süße, z. B. durch Honig, Obst
	☐ enthält viel Fett ☐ enthält tierisches Fett, z. B. Butter, Schmalz, Sahne	☐ enthält wenig Fett ☐ enthält wertvolles, kaltgepreßtes, pflanzliches Öl
	☐ enthält viel Fett ☐ enthält viel Zucker	☐ enthält wenig Fett ☐ enthält wenig Zucker
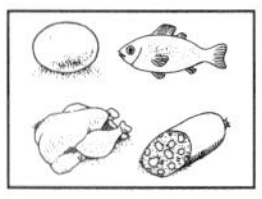	☐ enthält viel Fett	☐ enthält wenig Fett
	☐ enthält viel weißes Mehl ☐ enthält wenig Ballaststoffe, Vitamine und Mineralstoffe ☐ kurze Sättigung	☐ enthält Vollkornmehl ☐ enthält viele Ballaststoffe, Vitamine und Mineralstoffe ☐ lange Sättigung
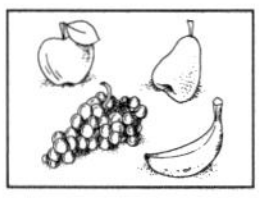	☐ enthält viel Zucker ☐ Obst ist gekocht, daher weniger Vitamine und Mineralstoffe	☐ enthält wenig Zucker ☐ enthält viele Ballaststoffe ☐ Obst ist roh, enthält viele Vitamine und Mineralstoffe
	☐ Gemüse ist gegart ☐ Gemüse ist aus der Dose ☐ Gemüse ist industriell stark bearbeitet	☐ Gemüse ist roh ☐ Gemüse ist frisch ☐ enthält 2 Portionen Gemüse
	☐ enthält viel Zucker ☐ enthält viele Zusatzstoffe	☐ enthält wenig Zucker ☐ enthält keine Zusatzstoffe

Bulimie (Ess-Brech-Sucht)

Achtung! Kann zum Tod führen!

Aufgaben:

1. **Lies** den Text.
2. **Ergänze** auf der linken Seite in der Grafik die **Ursachen**.
3. **Ergänze** auf der rechten Seite in der Grafik die **Folgen**.

Die Gesellschaft trägt wesentlich zu diesem Krankheitsbild bei. Das heutige Schönheitsideal entspricht nicht dem Normalgewicht. Aus Angst vor Gewichtszunahme nach Heißhungerattacken wird nach dem Essen Erbrechen herbeigeführt oder der Darm durch Einläufe oder Abführtabletten geleert. Gefährdet sind insbesondere Berufe, für die Schlankheit Voraussetzung sind, z. B. Models.

Die Essanfälle können unterschiedlich häufig auftreten. Auslöser können Stress, Unzufriedenheit, Einsamkeit oder jegliche negativen Gefühle sein. Auch psychische Faktoren, z. B. geringes Selbstvertrauen oder Störung der Selbstwahrnehmung, können dazu beitragen. Das anschließende Erbrechen wird aus Scham über den Kontrollverlust oder aus Angst vor einer Gewichtszunahme durchgeführt.

Das häufige Erbrechen kann durch die Magensäure zu einer Entzündung der Speiseröhre und einer Schädigung der Zähne führen. Es kann zu einem Kalium-, Calcium- und Eisenmangel kommen, der schlimmstenfalls zu lebensbedrohlichen Herzrhythmusstörungen führt. Die Niere kann langfristig geschädigt werden und Osteoporose auftreten.

In einer Therapie muss das Essverhalten langfristig normalisiert werden. Zitat einer Betroffenen*: „Wer frisst und kotzt, hat nicht das Leben gefunden, das ihm schmeckt." An der persönlichen Einstellung zum eigenen Körper muss gearbeitet und das Selbstwertgefühl gestärkt werden. Bei einer Essstörung sollte daher fachkundlicher Rat eingeholt werden, eine Therapie und/oder eine Selbsthilfegruppe, wie z. B. Overeaters Anonymous, können helfen.

Ursachen: **Folgen:**

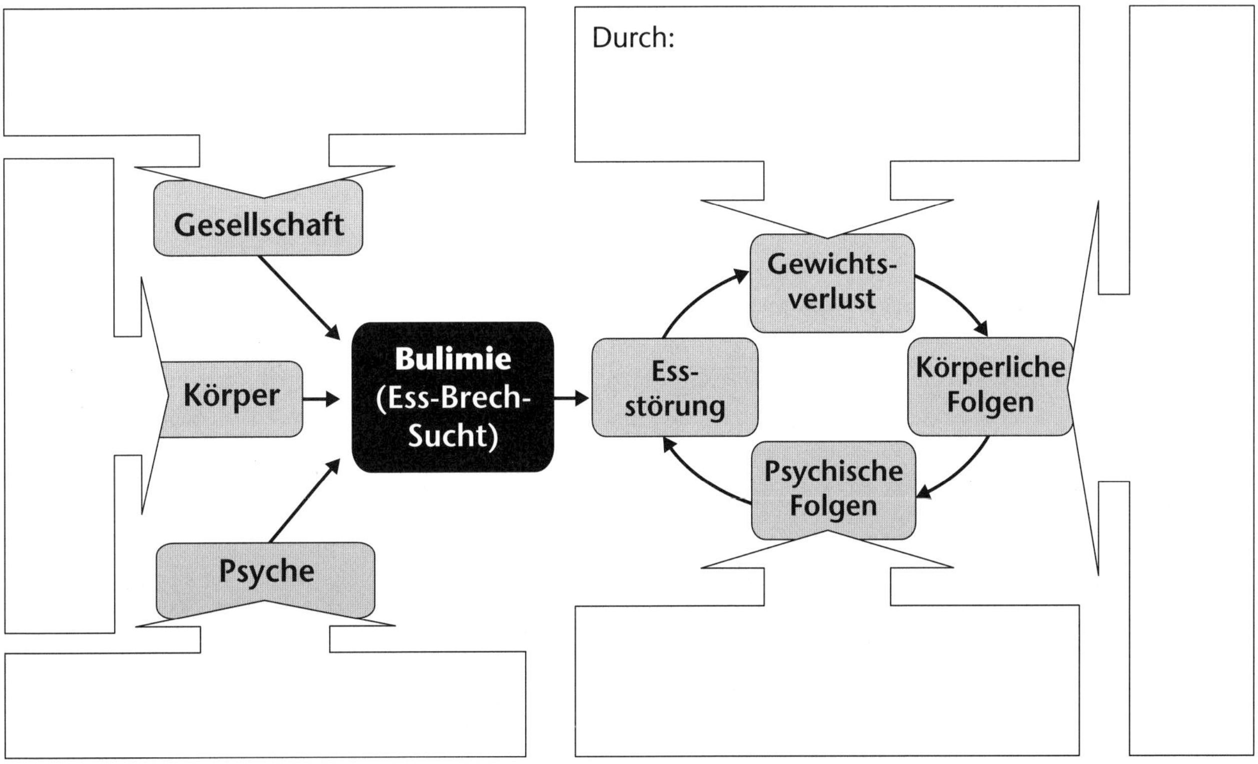

* Quelle: http://www.psychotipps.com/Bulimie.html

Station

Magersucht (Anorexia nervosa)

Achtung! Kann zum Tod führen!

Aufgaben:

1. **Lies** den Text.
2. **Ergänze** auf der linken Seite in der Grafik die **Ursachen**.
3. **Ergänze** auf der rechten Seite in der Grafik die **Folgen**.

Bei der Magersucht wird ein absichtlicher Gewichtsverlust durch Hungern und/oder übermäßigen Sport herbeigeführt. Es liegt ein starkes Untergewicht mit einem BMI unter 17,5 vor. Magersucht ist eine psychische Erkrankung mit einer sehr hohen Sterberate von ca. 15 %.

Ein harmloser Einstieg in die Magersucht kann eine aus der Kontrolle geratene Diät sein. Betroffene nehmen sich oft trotz Untergewicht als zu dick wahr, ihre Körperwahrnehmung ist gestört. Gesellschaftliche Gründe wie ein übersteigertes Schlankheitsideal und geänderte Rollenerwartungen können dazu beitragen.

Das starke Untergewicht führt zu einer Reihe von Erkrankungen, z. B.: Herz (niedriger Blutdruck, Herzrhythmusstörungen, plötzlicher Herztod), Blut (Unterzuckerung, Blutarmut), Hormone (Ausbleiben der Menstruation, Unfruchtbarkeit, Impotenz), organische Erkrankungen (Verstopfung, Nierenversagen, Blasenschwäche), seelische Probleme (geringes Selbstbewusstsein, Depression, Selbstmord).

An Magersucht erkrankte Jugendliche müssen unbedingt eine Therapie machen. Am besten wird das gesamte Umfeld, vor allem die Familie, mit einbezogen. Bei kritischem Untergewicht, also einem BMI unter 13, ist ein Aufenthalt im Krankenhaus mit Zwangsernährung notwendig.

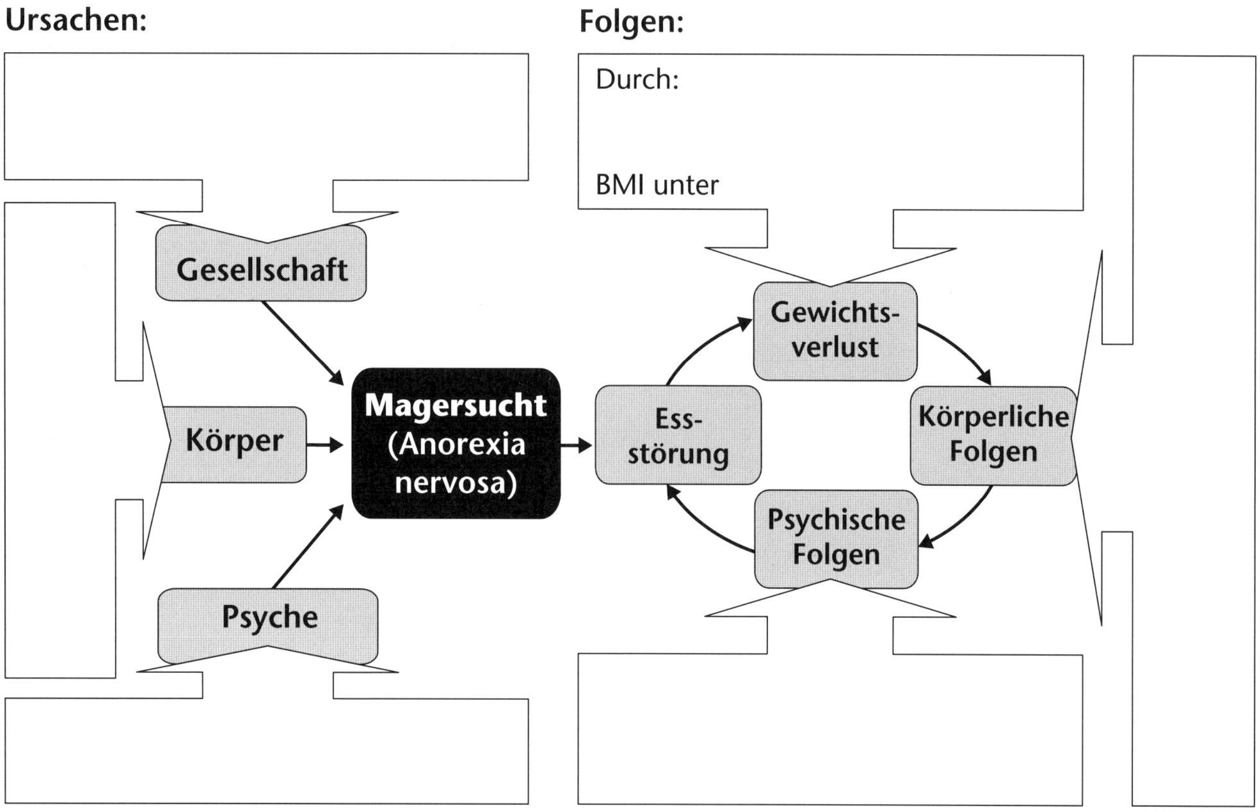

Station

Test: Überprüfe dein Essverhalten

Bist du gefährdet?

Aufgaben:

1. **Lies** die Feststellungen.
2. **Markiere** die Feststellungen, denen du zustimmst.
3. **Überprüfe** deine Gefährdung für eine Essstörung.

- ☐ Meine Gedanken kreisen ständig um das Thema Essen, Figur und Gewicht.
- ☐ Meine Stimmung und mein Selbstwertgefühl hängen stark von der Waage ab.
- ☐ Ich habe Angst davor zuzunehmen.
- ☐ Ich finde mich derzeit zu dünn.
- ☐ Ich finde mich derzeit genau richtig.
- ☐ Ich finde mich derzeit etwas zu rund.
- ☐ Ich finde mich derzeit viel zu dick.
- ☐ Ich halte mein Essverhalten selbst für normal.
- ☐ Ich halte mein Essverhalten selbst für nicht normal.
- ☐ Ich esse lieber alleine.
- ☐ Ich esse lieber in Gesellschaft.
- ☐ Ich habe Essanfälle, in denen ich unkontrolliert große Mengen an Lebensmitteln esse.
- ☐ Zur Gewichtskontrolle ergreife ich regelmäßig regulierende Maßnahmen.
- ☐ Zur Gewichtskontrolle mache ich regelmäßig Diät und/oder hungere.
- ☐ Zur Gewichtskontrolle treibe ich sehr viel Sport.
- ☐ Zur Gewichtskontrolle erbreche ich.
- ☐ Zur Gewichtskontrolle nehme ich entwässernde, abführende oder appetitzügelnde Medikamente ein.
- ☐ Mädchen: Meine Regelblutung bleibt häufig aus.
- ☐ Jungen: Ich bemerke Veränderungen bei der Lust auf Sexualität und bei der Potenz.
- ☐ Ich friere leicht.
- ☐ Ich fühle mich schwach.
- ☐ Ich habe oft Verdauungsstörungen oder Magenschmerzen.
- ☐ Ich habe Probleme mit den Zähnen.
- ☐ Ich habe verstärkt Haarausfall.

Bewertung:

Bei mehreren oder vielen Kreuzen ist dein Essverhalten evtl. gestört. Bitte nimm dringend Kontakt zu einer Beratungsstelle für Essstörungen oder zu einem Arzt auf.

Quelle: nach http://www.anad.de/hilfe-tipps-fuer/teste-dein-essverhalten/

Projekt

Gesunde Menüplanung mithilfe der Ernährungspyramide

Ihr stellt ein gesundes Mittagessen für 6 Personen her, das den Empfehlungen der Ernährungspyramide entspricht. Nach dem Essen informiert ihr eure Gäste über eine gesunde Ernährung und Ernährungsprobleme.

Das müsst ihr tun:

1. Zuerst erstellt ihr in der Gruppe einen Tagesplan, der den Empfehlungen der Ernährungspyramide entspricht.
2. Dann plant ihr in der Gruppe das gesunde Mittagsmenü für 6 Personen.
3. Ihr verteilt die anfallende Arbeit gerecht und erstellt gemeinsam einen Organisations- und Zeitplan, aus dem die Aufteilung der Rezepte und Arbeiten für jedes Gruppenmitglied hervorgeht. Jedes Gruppenmitglied stellt 1–2 Rezepte her.
4. Jedes Gruppenmitglied bewertet das Rezept, das es selbst herstellt, anhand der Ernährungspyramide.
5. Danach schreibt jedes Gruppenmitglied für sein Rezept einen Einkaufszettel.
6. In der Gruppe erstellt ihr eine Ideensammlung für die Information über gesunde Ernährung und verteilt die einzelnen Themenbereiche unter euch.
7. Ihr einigt euch in der Gruppe auf die Art der Präsentation, z. B. Plakat, Flyer, PowerPoint-Präsentation. Jeder erstellt für seinen eigenen Themenaspekt Präsentationsmaterialien.
8. Rechtzeitig vor der praktischen Durchführung kauft jeder seine Lebensmittel ein.
9. Ihr stellt in der Schulküche euer Menü her und serviert es an einem schön gedeckten Tisch.
10. Ihr informiert eure Gäste über gesunde Ernährung. Dafür habt Ihr gemeinsam 20 Min. Zeit.
11. Ihr reflektiert gemeinsam euer Projekt.

Jedes Gruppenmitglied erstellt eine Projektmappe mit folgendem Inhalt:

- Deckblatt und Inhaltsverzeichnis
- Tagesplan
- Gemeinsame Rezept- und Arbeitsplanung
- Kopie der Rezepte
- Einkaufszettel
- Bewertung des eigenen Rezeptes
- Evtl. gemeinsame Ideensammlung zum Thema gesunde Ernährung
- Präsentationsmaterialien zum Thema gesunde Ernährung, z. B. Plakat, PowerPoint-Präsentation, Referat, Flyer usw.
- Reflexion des Projekts

Berufsorientierung

Übersicht über die Stationen:

- **Station „Berufe im sozialen Bereich"**
  Medien: Legesteine, Kontrollkarte
- **Station „Meine Interessen und Vorlieben"**
- **Station „Fähigkeiten erkennen"**
- **Station „Einschätzung meiner Fähigkeiten"**
- **Station „Berufe in der Lebensmittelverarbeitung bzw. im -verkauf"**
- **Rezeptblatt „Beruf Bäcker/-in"**
  Rezepte: Nussschnecke, Apfelkuchen
- **Rezeptblatt „Beruf Konditor/-in"**
  Rezepte: Schwarzwälder Kirschtorte, Erdnuss-Nougat-Pralinen
- **Projekt „Berufe in der Lebensmittelverarbeitung oder im Haushalt"**

Ⓚ Kompetenzen:

- Eigene Interessen und Fähigkeiten kennen, reflektieren und bei der Berufsfindung gewinnbringend nutzen.
- Berufsprofile im sozialen Bereich kennen und in Hinblick auf die persönliche Berufswegplanung nutzen.

Station

Berufe im sozialen Bereich

Welche Ausbildungsmöglichkeiten gibt es?

Aufgaben:

1. **Ordne** auf dem Legefeld die Wortkarten mit Berufen den Berufsschwerpunkten **zu**.
2. **Überprüfe** dich selbst anhand der Kontrollkarte.

Soziale Berufe mit dem Berufsschwerpunkt				
Lebensmittel	Haushalt	Betreuung	Gesundheit	Service

Legesteine und Kontrollkarte für die Station „Berufe im sozialen Bereich"

Legesteine (– – – – = Schneidelinie):

Koch/Köchin Metzger/-in	Hauswirtschaf- ter/-in	Kinderpfleger/-in	Medizinische/-r Fachangestellte/-r	Hotelfachfrau/ Hotelfachmann
Bäcker/-in Konditor/-in	Hauswirt- schaftshelfer/-in	Erzieher/-in	Tierpfleger/-in	Restaurant- fachfrau/-mann
Fachverkäufer/-in im Lebensmittel- handwerk	Haus- und Famili- enpfleger/-in	Sozialhelfer/-in	Kranken- schwester /-pfleger	Gebäude- reiniger/-in
Fachmann/-frau für Systemgastro- nomie	Heilerziehungs- pfleger/-in	Altenpfleger/-in	Ergo- therapeut/-in	Gärtner/-in

Kontrollkarte:

Soziale Berufe mit dem Berufsschwerpunkt				
Lebensmittel	**Haushalt**	**Betreuung**	**Gesundheit**	**Service**
• Koch/Köchin • Metzger/-in • Bäcker/-in • Konditor/-in • Fachverkäu-fer/-in im Lebensmittel-handwerk • Fachmann/-frau für Sys-temgastrono-mie	• Hauswirt-schafter/-in • Hauswirt-schaftshelfer/-in • Haus- und Familien-pfleger/-in • Heilerziehungs-pfleger/-in	• Kinderpfle-ger/-in • Erzieher/-in • Sozialhelfer/-in • Altenpfleger/-in	• Medizinische/-r Fachan-gestellte/-r • Tier-pfleger/-in • Kranken-schwester/-pfle-ger • Ergothera-peut/-in	• Hotel-fachfrau/-mann • Restaurant-fachmann/-frau • Gebäude-reiniger/-in • Gärtner/-in

Station

Name: ____________

Meine Interessen und Vorlieben

Was mache ich gerne?

Aufgaben:

1. **Überlege**, welche Interessen du hast.
2. **Kreuze** die zutreffende Spalte an.
3. **Überprüfe**, ob deine ☺-Interessen dich für deinen Wunschberuf geeignet machen.

Interessen	☺	😐	☹
in der Küche arbeiten			
in einem Geschäft verkaufen			
in der Gastronomie arbeiten			
im Büro arbeiten			
im Haushalt arbeiten			
handwerklich arbeiten			
saubere Arbeit verrichten			
mit Lebensmitteln umgehen			
kochen und backen			
verkaufen, kaufen			
rechnen			
ordnen, sortieren, sammeln			
reinigen und putzen			
mit Menschen arbeiten			
mit Kindern arbeiten			
mit Senioren arbeiten			

Interessen	☺	😐	☹
mit Behinderten arbeiten			
mit Tieren arbeiten			
mit Kranken arbeiten			
anderen helfen			
andere bedienen			
alleine arbeiten			
im Team arbeiten			
körperlich arbeiten			
im Sitzen arbeiten			
im Stehen arbeiten			
viel Bewegung			
Stille bei der Arbeit			
viel Trubel und Aktion			
viel Abwechslung haben			
unter Anleitung arbeiten			
viel Verantwortung tragen			
kreativ sein			

Station

Name: ______________

Fähigkeiten erkennen

Welche Fähigkeit habe ich bei diesem Verhalten?

Aufgaben:

1. **Lies** das Verhalten durch und überlege dir, welcher Fähigkeit das entspricht.
2. **Ergänze** die zutreffende Fähigkeit aus den aufgeführten Möglichkeiten.

Teamfähigkeit | Kreativität | technisches Verständnis | Einfühlungsvermögen | Ausdauer | Konfliktfähigkeit | Selbstbewusstsein | Kritikfähigkeit | Konzentrationsfähigkeit | Verantwortungsbewusstsein | Zuverlässigkeit | Kommunikationsfähigkeit | Hilfsbereitschaft | Frustrationstoleranz | körperliche Belastbarkeit | Einsatzbereitschaft | motorisches Geschick

Verhalten	Fähigkeit
1. Ich habe immer meine Hausaufgaben erledigt.	
2. Ich bleibe ruhig, wenn andere mich provozieren.	
3. Ich überneh-me freiwillig das Abspülen.	
4. Ich nehme Tipps an, wenn mir etwas nicht so gut gelingt.	
5. Ich helfe einem Schü-ler beim Kehren der Küche.	
6. Ich frage einen Verkäufer, wenn ich etwas beim Einkaufen nicht finde.	
7. Ich tröste Mitschüler, wenn sie traurig sind.	
8. Ich traue mich, vor der Klasse ein Referat zu halten.	
9. Wenn mir etwas nicht gelingt, gebe ich nicht so schnell auf.	

Verhalten	Fähigkeit
10. Ich kann gut mit anderen zusammen-arbeiten.	
11. Ich führe eine schwierige Arbeit bis zum Ende durch.	
12. Ich garniere Speisen sehr ansprechend und einfallsreich.	
13. Ich lasse mich von meinem Nachbarn nicht ablenken.	
14. Mir macht es nichts aus, stundenlang in der Küche zu arbei-ten.	
15. Ich kann eine Zwie-bel in sehr feine Würfel schneiden.	
16. Ich kann die Kü-chenmaschine ohne Hilfe bedienen.	
17. Für die Schulfeier muss am Nachmit-tag einiges vorbe-reitet werden. Ich helfe mit!	

Lösung, S. 97

Station

Name: ____________

Einschätzung meiner Fähigkeiten

Was kann ich gut?

Aufgaben:

1. **Schätze** deine Fähigkeiten selbst **ein**.
2. **Kreuze** die zutreffende Spalte **an**.
3. **Überprüfe**, ob deine ☺-Fähigkeiten dich für deinen Wunschberuf geeignet machen.

Fähigkeiten	☺	😐	☹
Zuverlässigkeit			
Höflichkeit			
Verantwortungsbewusstsein			
Konfliktfähigkeit			
Kritikfähigkeit			
Hilfsbereitschaft			
Kommunikationsfähigkeit			
Sprachlicher Ausdruck			
Einfühlungsvermögen			
Selbstbewusstsein			
Frustrationstoleranz			
Teamfähigkeit			
Arbeitstempo			
Ausdauer			
Umgang mit Stress			
Sorgfältigkeit			
Kreativität			
Ästhetisches Empfinden			

Fähigkeiten	☺	😐	☹
Arbeitsplanung			
Pünktlichkeit			
Einsatzbereitschaft			
Selbstständigkeit			
Flexibilität			
Mathematische Fähigkeiten			
Konzentrationsfähigkeit			
Auffassungsvermögen			
Problemlösendes Denken			
Körperliche Belastbarkeit			
Handgeschick			
Geschmackssinn			
Körperkraft			
Umgang mit PC			
Technisches Verständnis			
Umgang mit Maschinen			
Hygienisches Arbeiten			

Station

Name: ______________________

Berufe in der Lebensmittelverarbeitung bzw. im -verkauf

Ausbildungsberufe im dualen System

Die Arbeitsagentur für Arbeit bietet ein Internetportal an, in dem du dich über alle Berufe informieren kannst: www.berufenet.arbeitsagentur.de.

Aufgaben:

1. **Informiere** dich über die Ausbildungsberufe und **ergänze** die Tabelle.
2. **Finde** zwei weitere Ausbildungsberufe, die schwerpunktmäßig mit Lebensmitteln zu tun haben.

Beruf	Aufgaben und Tätigkeiten	Interessen und Fähigkeiten	Zugangsvoraussetzung	Ausbildungsweg
Koch/Köchin				
Bäcker/-in				
Konditor/-in				
Fachverkäufer/-in im Lebensmittelhandwerk				
Fachmann/-frau für Systemgastronomie				

Weitere Berufe: ____

____

Beruf Bäcker/-in

Typische Rezepte, die Bäcker herstellen

Nussschnecken mit Hefeteig

Menge	Zutaten	Zubereitung
375 g 20 g ½ TL ca. ⅛ l 1 Pr. 40 g 40 g 1	Mehl Hefe Zucker Milch Salz Butter Zucker Ei	1. Vorteig/Dämpferl herstellen: • Hefe in eine Tasse bröseln, mit wenig Zucker und etwas lauwarmer Milch verrühren • Mehl in eine Schüssel sieben, Mulde formen • Vorteig in Mulde gießen, zugedeckt 10–15 Min. gehen lassen 2. Teig kneten • Vorteig mit etwas Mehl mischen • Weiche Butter, Zucker, Salz, Eier zugeben • Teig kneten • Teig zugedeckt 10–15 Min. gehen lassen 3. Teig zu einer Platte ausrollen
250 g 1 100 g 125 ml 1 Pr.	Nüsse (gemahlen) Apfel Zucker Sahne Zimt	4. Nüsse in der Pfanne ohne Fett anrösten 5. Apfel schälen und raspeln 6. Alle Zutaten in einer Schüssel vermengen 7. Füllung auf der Teigplatte verteilen 8. Teigplatte rollen und in 2 cm dicke Scheiben schneiden, auf ein Bleck legen 9. Schnecken backen: 175°C, Heißluft **Garzeit:** 25–30 Min.
200 g etwas	Puderzucker Zitronensaft	10. Puderzuckerglasur anrühren 11. Schnecken glasieren und trocknen lassen

Apfelkuchen mit Mürbteig

Menge	Zutaten	Zubereitung
250 g 125 g 60 g 1 P. 1	Mehl Butter Zucker Vanillezucker Ei	1. Aus den Zutaten einen gehackten Mürbteig herstellen 2. Teig ca. 30 Min. kalt stellen 3. Springform fetten 4. Mürbteig ausrollen und in Springform geben
4–5 etwas 2 100 g 1 B. 2 EL 1 EL ½ TL	Äpfel Zitronensaft Eier Zucker Saure Sahne Mehl Nüsse (gemahlen) Zimt	5. Äpfel schälen, entkernen, in kleine Würfel schneiden 6. Mit Zitronensaft beträufeln 7. Eier trennen, Eiweiß steif schlagen 8. Eigelb, Zucker, Saure Sahne, Mehl, Nüsse und Zimt gut verrühren 9. Die Äpfel unterrühren 10. Den Eischnee vorsichtig unterheben 11. Masse in die Springform füllen 12. Apfelkuchen backen: 175°C, Heißluft **Garzeit:** 40–50 Min.

Beruf Konditor/-in

Typische Rezepte, die Konditoren herstellen

Schwarzwälder Kirschtorte

Menge	Zutaten	Zubereitung
6 6 EL 250 g 200 g 75 g 50 g 2 TL	Eier Wasser Zucker Mehl Stärke Kakao Backpulver	1. Eier trennen 2. Eiweiß mit Wasser steif schlagen, Zucker langsam zugeben und die Masse weiter schlagen 3. Eigelb schaumig schlagen und kurz mit niedrigster Stufe unter die Eiweißmasse rühren 4. Mehl, Stärke, Kakao und Backpulver auf die Masse sieben und vorsichtig unterheben 5. Springform mit Backpapier auslegen, Teig einfüllen 6. Boden backen: 200°C **Garzeit**: 30–35 Min. 7. Boden abkühlen lassen
1 Glas 25 g 1 EL	Sauerkirschen Stärke Zucker	8. Kirschen abseihen, 16 Kirschen zum Garnieren auf die Seite legen 9. Kirschsaft mit Stärke und Zucker verrühren und unter Rühren erhitzen, bis er aufkocht.
4 B. 1 P. 1 EL	Sahne Sahnesteif Zucker Schokoladenraspeln Sauerkirschen	10. Sahne steif schlagen 11. Boden 2 x durchschneiden. 12. Boden mit Hälfte der Kirschfüllung bestreichen 13. Boden mit Sahne bestreichen. Achtung! Die Kirschmasse muss kalt sein! 14. Zweiten Boden auflegen, wieder Kirschmasse und Sahne aufstreichen 15. Die ganze Torte mit Sahne bestreichen 16. Mit Schokoladenraspeln bestreuen 17. Sahne in Spritzbeutel füllen und 16 Rosetten aufspritzen 18. Rosetten mit Kirschen garnieren.

Erdnuss-Nougat-Pralinen

Menge	Zutaten	Zubereitung
125 ml 250 g 150 g 30 g 2 EL	Sahne Kuvertüre zartbitter Nougat Butter Erdnussbutter	1. Schlagsahne erhitzen 2. Kuvertüre in kleine Stücke schneiden, zugeben und schmelzen lassen 3. Nougat, Butter und Erdnussbutter zugeben und mit Rührgerät schaumig schlagen 4. Masse etwas abkühlen lassen
40 etwas	Papierförmchen Gehackte Nüsse	5. Masse in einen Spritzbeutel füllen 6. Rosetten in die Papierförmchen spritzen 7. Mit gehackten Nüssen garnieren

Projekt

Berufe in der Lebensmittelverarbeitung oder im Haushalt

Ihr ladet Mitschüler aus der 7. oder 8. Klasse zu einer Informationsveranstaltung über Berufe ein und informiert sie über Berufe in der Lebensmittelverarbeitung oder im Haushalt. Anschließend serviert ihr euren Gästen kleine Gerichte, die diese Berufe kulinarisch darstellen.

Das müsst ihr tun:

1. Zuerst entscheidet ihr euch in der Gruppe für einen bestimmten Beruf in der Lebensmittelverarbeitung oder im Haushalt:

   ○ Koch/Köchin ○ Bäcker/-in ○ Konditor/-in

   ○ Fachmann/-frau für Systemgastronomie ○ Hauswirtschafter/-in
2. Dann plant ihr in der Gruppe die Rezeptauswahl, die geeignet ist, diesen Beruf kulinarisch darzustellen.
3. Als Nächstes verteilt ihr in der Gruppe die anfallende Arbeit gerecht und erstellt gemeinsam einen Organisations- und Zeitplan, aus dem die Aufteilung der Rezepte und Arbeiten für jedes Gruppenmitglied hervorgeht.
   Jedes Gruppenmitglied stellt ein Rezept her.
4. Danach schreibt jedes Gruppenmitglied für sein Rezept einen Einkaufszettel.
5. In der Gruppe informiert ihr euch intensiver über den gewählten Beruf und erstellt eine Ideensammlung für die Information über diesen Beruf.
6. Ihr einigt euch in der Gruppe auf die Art der Präsentation, z. B. Plakat, Flyer, PowerPoint-Präsentation, und erarbeitet die Präsentationsmaterialien zu dem Beruf gemeinsam.
7. Rechtzeitig vor der praktischen Durchführung kauft jeder seine Lebensmittel ein.
8. Jedes Gruppenmitglied erstellt eine Kostenabrechnung für sein Gericht mithilfe des Kassenzettels.
9. Jedes Gruppenmitglied stellt in der Schulküche sein Rezept her und präsentiert es an einem dekorativ aufgebauten Buffet.
10. Ihr informiert eure Gäste gemeinsam über den gewählten Beruf. Dafür habt ihr 20 Min. Zeit.
11. Ihr reflektiert gemeinsam euer Projekt.

Jedes Gruppenmitglied erstellt eine Projektmappe mit folgendem Inhalt:

- Deckblatt und Inhaltsverzeichnis
- Gemeinsame Rezept- und Arbeitsplanung
- Einkaufszettel
- Kostenabrechnung
- Evtl. gemeinsame Ideensammlung zum gewählten Beruf
- Präsentationsmaterialien über den Beruf, z. B. Plakat, PowerPoint-Präsentation, Referat, Flyer usw.
- Reflexion des Projekts

Lösungen für einige Stationen

Station | **Seite 46**

Ausgaben eines privaten Haushaltes

Wofür geben wir unser verdientes Geld aus?

3. Monatliche Ausgaben: 1369,00 €
4. Bei einem Gehalt von 850 € müsste ich folgende Ausgaben von 520,00 € streichen, da ich sie mir nicht leisten kann:

Frisör	10 €
Apotheke	15 €
Winterjacke	80 €

Restaurantbesuch	15 €
Urlaub	400 €

Station | **Seite 47**

Monatlicher Konsum

Je höher das Gehalt, desto mehr kannst du konsumieren!

2.

Prozent-verteilung	**30%**	**15%**	**14%**	**13%**	**10%**	**8%**	**5%**	**4%**
Ausgaben eines privaten Haushaltes	Wohnen, Heizung, Strom	Freizeit	Nahrungsmittel	Verkehr	Bekleidung, Möbel	Sonstiges	Gesundheit, Bildung	Beherbergung, Gaststätten
Netto-gehalt	*Formel:* *Grundwert (Gehalt) x Prozentsatz (%) : 100 = Prozentwert (Ausgabe)*							
1000 €	1000 x 30 / 100 = **300 €**	1000 x 15 / 100 = **150 €**	1000 x 14 / 100 = **140 €**	1000 x 13 / 100 = **130 €**	1000 x 10 / 100 = **100 €**	1000 x 8 / 100 = **80 €** = 140 €	1000 x 5 / 100 = **50 €**	1000 x 4 / 100 = **40 €**
2300 € (= durch-schnittliches Netto-gehalt)	2300 x 30 / 100 = **690 €**	2300 x 15 / 100 = **345 €**	2300 x 14 / 100 = **322 €**	2300 x 13 / 100 = **299 €**	2300 x 10 / 100 = **230 €**	2300 x 8 / 100 = **184 €** = 140 €	2300 x 5 / 100 = **115 €**	2300 x 4 / 100 = **92 €**
700 €	700 x 30 / 100 = **210 €**	700 x 15 / 100 = **105 €**	700 x 14 / 100 = **98 €**	700 x 13 / 100 = **91 €**	700 x 10 / 100 = **70 €**	700 x 8 / 100 = **56 €** = 140 €	700 x 5 / 100 = **35 €**	700 x 4 / 100 = **28 €**

3. Bei einem Gehalt von 700 € im Monat stehen **98 €** für Lebensmittel (14 %) zur Verfügung. Das sind pro Tag ca. **3,25 €**, die ich für Lebensmittel ausgeben kann.

Station

Seite 49

Vergleich von Discounter und Supermarkt

Wo kann ich günstiger einkaufen?

2. Der Discounter

Vorteile:
☺ geringere Lagerkosten
☺ günstige Eigenmarkten
☺ günstigere Preise

Nachteile:
☹ geringe Produktpalette
☹ bescheidene Ausstattung
☹ geringerer Service

3. Beispiele: Aldi, Lidl, Penny, Netto

Der Supermarkt (= Vollsortimenter)

Vorteile:
☺ größere Produktpalette
☺ Auswahl an Markenprodukten
☺ großzügigere Ausstattung
☺ besserer Service und Beratung

Nachteile:
☹ höhere Lagerkosten
☹ teurere Markenprodukte
☹ höhere Preise

Beispiele: Edeka, Tengelmann, Rewe

Station

Seite 56

Durchführung einer Reklamation

Nutze als Verbraucher deine Rechte!

2. Anspruch auf Nacherfüllung: Mangelhafte Ware wird vom Käufer repariert oder gegen einwandfreie Ware umgetauscht.
Recht auf Minderung des Kaufpreises: Der Kunde behält die mangelhafte Ware zu einem niedrigeren Preis.
Rücktritt vom Kaufvertrag: Die Ware wird zurückgegeben und der Käufer hat Anspruch auf Rückzahlung des Kaufpreises in bar.

Ohne **Kassenbeleg** ist keine Reklamation möglich!

Station

Seite 68

Vegetarische Ernährung

Es geht auch ohne Fleisch!

2a) Religiöse (Christentum: Fastenzeit), ethische (Tierschutz, Tierliebe) und ökologische Gründe (Land- und Wasserverbrauch, Treibhausgase bei Fleischproduktion)

2b) Ja, wenn Eier und Milch gegessen werden. Bei einer veganen Ernährung kann es zu einem Mangel an Eiweiß, Vitaminen und Mineralstoffen kommen.

2c) Ovo-Lacto-Vegetarier: z. B. Gemüsecouscous mit Joghurtsoße, Dattelcreme, Brokkoli-Kräuter-Suppe, Nudelauflauf, Risotto, Nudeln mit Sahne-Gemüsesoße, Kuchen
Lacto-Vegetarier: z. B. Gemüsecouscous mit Joghurtsoße, Dattelcreme, Brokkoli-Kräuter-Suppe
Veganer: z. B. Karottensalat, Reis, Kartoffeln, Gemüse

Station

Seite 69

Vollkost – Schonkost – Vollwertkost

Was sind die Unterschiede?

2a) Leichte Vollkost/Schonkost
2b) Vollwertkost
2c) Leichte Vollkost/Schonkost
2d) Vollkost
2e) Leichte Vollkost/Schonkost
2f) Vollwertkost
2g) Kochen, Dünsten, Dämpfen
2h) Vollwertkost

Station

Seite 70

Diäten bei Krankheiten

Essen kann Krankheiten vorbeugen oder behandeln!

2a) Zuckerkrankheit, Gicht

2b) Gicht

2c) Milch und Milchprodukte

2d) Getreideprodukte mit Weizen, Gerste, Roggen, Dinkel und Grünkern

2e) Buchweizen, Hirse, Quinoa, Amaranth, Reis

2f) Kohlenhydrate

Station

Seite 71

Diäten zur Gewichtsreduktion

Abnehmen ist wirklich schwer!

2a) Reis, magerer Fisch, Geflügel, fettarme Milchprodukte, Vollkornprodukte, Gemüse, Obst, Kartoffeln

2b) Kontrolle in der Gruppe unterstützt die Diät, sehr flexible, leicht umzusetzende Diät, nachhaltig durch Ernährungsumstellung

2c) Eiweiß

2d) Kohlenhydrate

2e) Weight-Watchers, kalorienreduzierte Mischkost

2f) Tägliche Bewegung

Station

Seite 88

Fähigkeiten erkennen

Welche Fähigkeit habe ich bei diesem Verhalten?

1. Zuverlässigkeit, Ausdauer, Einsatzbereitschaft
2. Konfliktfähigkeit, Kommunikationsfähigkeit
3. Hilfsbereitschaft, Einsatzbereitschaft
4. Kritikfähigkeit, Frustrationstoleranz
5. Hilfsbereitschaft, Einsatzbereitschaft
6. Selbstbewusstsein, Kommunikationsfähigkeit
7. Einfühlungsvermögen, Hilfsbereitschaft
8. Selbstbewusstsein, Kommunikationsfähigkeit
9. Frustrationstoleranz, Ausdauer
10. Teamfähigkeit
11. Frustrationstoleranz, Ausdauer
12. Kreativität, motorisches Geschick
13. Konzentrationsfähigkeit
14. Ausdauer, körperliche Belastbarkeit
15. motorisches Geschick
16. technisches Verständnis, Selbstbewusstsein
17. Hilfsbereitschaft, Einsatzbereitschaft, Verantwortungsbewusstsein